青春文庫

言ってはいけない！　やってはいけない！

大人のNG

話題の達人倶楽部［編］

青春出版社

はじめに

ＮＧ（no good）は、「失敗」「ダメ」「役に立たない」などのこと。では次のうち、どれがＮＧか、ご存じでしょうか？

・年賀状に「新年明けましておめでとうございます」と書く
・引っ越し祝いに赤ワインを贈る
・車は、よく晴れた日に洗う
・スマホが水没したときは、ドライヤーでよく乾かす
・掃除の前には、窓を開け、空気を入れ換える
・パスポートは、虫に食われないように、防虫剤と一緒に保管する

答えは、すべてＮＧです。なぜ、そうなるかは、本文でじっくりご紹介しましょう。とかく、この世の中、暮らしでも仕事でも、ＮＧが溢れています。思わぬところで恥をかいたり、損をしたりしていないか、ぜひ本書でご確認ください。今どきのＮＧを頭に入れ、〝万事心得た大人〟になっていただければ幸いに思います。

２０１９年７月

話題の達人倶楽部

言ってはいけない！　やってはいけない！　大人のＮＧ■目次

8　「あの業界」のＮＧ
花見の時、桜の木の根元にブルーシートを敷いてはいけない　171

▼カバーイラスト……Jamesbin/Shutterstock.com
▼ＤＴＰ……フジマックオフィス

1 「食べ物と食」のNG

何度も味見をしてはいけない

◉「味付け」にそういうNGがあったんだ

□目を開けて味見してはダメ

味見するとき、目を開けていると、ついほかのことに気がいって、味に集中できなくなる。目を閉じて味見をする習慣をつければ、それだけで料理の腕が上がるはず。

□何度も味見をしない

何度も味見をするのは禁物。「味覚の順応作用」といって、何度も味見を繰り返すと、舌の感覚がおかしくなり、実際より薄味に感じるようになる。つい、調味料をどんどん足してしまい、あとで「塩辛すぎる」ということになりがち。

□味見するとき飲み込んではいけない

味見をしたあと、口に含んだものを飲み込んではいけない。飲み込むと、味や匂いが口のなかに残り、次に味見したとき、本当の味がわからなくなってしまう。味見したものは、飲み込まずに吐くのが正しい。

◉魚料理で気をつけたい意外なポイント

□切り身の魚を洗うのはNG

魚の身に含まれるタンパク質は水に弱く、水洗いすると流れ出てしまう。ただし、トレイに汁がたまっているときには、話が別。それは、パックにした後、時間がたっている証拠なので、魚の生臭さを消すため、ざっと洗い流してから調理するとよい。

□魚を冷たい網の上にのせてはいけない

魚を焼くとき、冷たい網の上にのせると、網の温度が上がっていく過程で、魚の皮が網に焼きついてしまう。魚をのせる前に、網を空焼きし、熱しておくと、皮がくっつきにくくなる。

□焼くとき何回もひっくり返さない

魚を網の上で焼くとき、何度も裏返すと、身がくずれたり、焼き加減にムラができやすくなる。6割ほど火が通ったところで、一度だけ裏返して焼き上げるのが正解。

□時化の翌日に、魚を買ってはダメ

台風や大雨などで海が荒れた日、漁は休みになっている。そんな日の翌日に店頭に並ぶ刺身は、それ以前に水揚げされた魚のはず。そんな鮮度の落ちた魚を買わないように。

□魚の頭を右にして盛りつけてはいけない

魚を盛りつけるときの基本は、頭を左、尾は右、腹側を手前にすること。調理するときからこのことを頭におき、表になる側がきれいに見えるように下ごしらえし、火を通したい。

□魚を野菜よりも先に揚げてはダメ

魚と野菜の両方を揚げるときは、魚を先に揚げてはダメ。魚を先に揚げると、魚の臭みが油に移り、あとで揚げる野菜が生臭くなってしまう。

◉シロウトが知らない料理のプロのＮＧ

□肉を洗うのはＮＧ

肉の表面の肉汁は肉のうまみ成分。洗い流すと肉の味を落とすことになってしまう。

□鶏肉はほかの肉以上にしっかり火を通さないとダメ

鶏肉はいたみやすく、食中毒の原因になるカンピロバクター属菌やサルモネラ菌が繁殖しているケースもある。しっかり火を通したほうがいい。

□お湯でコメを研いではいけない

コメをお湯で洗うと、表面が糖化し、洗っている間に甘みが流れ出てしまう。お湯に混じったヌカは再吸収されやすく、ヌカ臭くもなってしまう。

□味つけするとき砂糖の前に塩を入れてはいけない

塩には素材の表面をひきしめる働きがあるので、先に入れると、後から入れる砂糖がしみこみにくくなってしまう。

□ミネラルウォーターで、お茶や紅茶をいれてはダメ

ミネラルウォーターに含まれるミネラルは、お茶などの味と色を微妙に変えてしまう。とりわけ、ミネラル分の多い硬水のミネラルウォーターで、お茶などをいれるのは避けること。

□浄水器の水で氷を作ってはいけない

浄水器を通すと、塩素が抜けてしまうので消毒効果が薄れ、雑菌が発生しやすくなる。井戸水や一度沸騰させた水も同様の理由からＮＧ。氷は、しばらく保存しておくことが多いので、水道水でつくるのが正解。

◉やってはいけない野菜の保存法

□白菜を冷蔵庫に入れるのはＮＧ

冷蔵庫内に大きな白菜を入れると、場所ふさぎになってしまう。丸ごとの白菜は、

冷蔵庫に入れないでも、冷暗所での保存がきく。新聞紙にくるんで、株元を下にして、立てかけておけばよい。

□キュウリを冷気の強い場所に置いてはいけない

キュウリは、5度以下の低温に弱く、乾燥も苦手な野菜。冷蔵庫内、とりわけ冷風の当たる場所に置くと、しなびてしまう。冷蔵庫には、新聞紙に包んで入れるとよい。

□モヤシを野菜室に入れてはダメ

モヤシは、低めの温度のほうが長持ちするので、野菜室よりも冷蔵室に入れたほうがいい。それでも、日持ちするものでないから、買ってきたらすぐに使いたい。

□ニンジンを冷蔵庫に入れるのはNG

ニンジンは、冷蔵庫で保存すると、かえっていたみが早くなる。日の当たらない涼しい場所で保存したほうがいい。

□タマネギを冷蔵庫に入れるのはNG

冷蔵庫の野菜室は、湿度が90％もあり、それはタマネギには不向きな環境。冷暗所（日の当たらない涼しい場所）で保存したほうがいい。

□いも類も冷蔵庫に入れてはダメ

じゃがいもは、水気があると、腐りやすくなるので、冷暗所で保存したほうがいい。さつまいもも、冷蔵庫に入れると、低温障害をおこし、いたみが早くなる。

□みかんを冷蔵庫に入れるのはNG

みかんは低温に弱く、冷蔵庫に入れると、かえっていたみが早くなる。ネットに入れたまま、日の当たらない涼しい場所に吊るしておくのがいちばんいい保存法。オレンジも常温で保存でき、冷蔵庫に入れると、かえって香りが落ちてしまう。

□バナナやパパイヤなど熱帯産フルーツに、冷蔵庫は厳禁

バナナやパパイヤ、マンゴー、パイナップル、キウイといった熱帯生まれのフルーツは、低温に弱い。熱帯産の果物は冷蔵庫に入れず、15～20度の常温で保存するこ

と。

□スイカを冷蔵庫に長く入れてはダメ

スイカを冷蔵庫に入れっ放しにしておくと、甘みが弱まり、おいしさが半減してしまう。食べる前になるべく短時間冷やすのがベスト。なお、カットしたものは冷蔵庫で保管し、なるべく早く食べきりたい。

□メロンとリンゴは、野菜のそばに置かない

メロンやリンゴは、植物の老化を早めるエチレンという物質を発する。メロンやリンゴを保存するときは、ポリ袋の中に入れると、他の野菜へのエチレンの影響を防げる。

◉コレを電子レンジでチンするのはＮＧ

□水分の少ない野菜をチンしてはダメ

水分の少ない野菜をチンすると、からからになり、固くなってしまう。また、焦げたり、最悪の場合、発火することもある。さつまいもなどのいも類、ニンニク、ゴボウ、カボチャなどのチンは、時間を短く、様子を見ながらにすること。

□液体をチンしてはダメ

ドリンク類を電子レンジで温めるときは気をつけたい。一気に沸騰が起きる「突《とっ》沸《ぷつ》」という現象が起き、中身が飛び散るように沸騰することがある。飲み物の種類や加熱時間などいくつかの条件が揃うと起きる現象だ。

□殻や膜で覆われているものをチンするのはNG

タマゴをチンすると、破裂するおそれがある。また、膜で覆われているタラコやソーセージも、内部が膨脹して破裂するおそれがある。

□缶やペットボトルをチンするのはNG

缶入り、ペットボトル入りの飲み物を温めようと、そのまま電子レンジに入れると、破裂するおそれがある。

□金属製、紙製のものをチンするのはＮＧ

たとえば、アルミホイルで包んだままチンすると、火花が出たり、発火することがある。また、紙製のものは、発火するおそれがある。

◉いまどき科学的に良くない食べ合わせ

□ラーメンとご飯は×

いずれも炭水化物であり、糖質過多。肥満の原因や血糖値を急激に上げることになりやすい。また、ビタミン不足になりやすい組み合わせであり、ラーメンスープを飲み干すと、塩分過多にもなる。

□シラスと大根は×

シラスと大根おろしは名コンビのようでいて、栄養的にみると、実は相性が悪い。シラスは、必須アミノ酸のリジンを含んでいるが、大根にはその吸収を妨げる働きがある。

□ビールとフライドポテトは×

高脂肪の食品をアルコールを飲みながら食べると、脂肪の合成が加速する。また、血糖値を急激に上げやすい組み合わせでもある。

□ワカメとネギは×

ワカメはカルシウムをたっぷりと含んでいるが、ネギに含まれている「硫化アリル」が、その吸収を阻《はば》んでしまう。

◉お弁当づくりで破ってはいけない〝一線〟

□チャーハン、炊き込みご飯、炒め物、煮物はNG

これらの料理は、いたみやすい。おおむね、さまざまな食材が入っているメニューは、その分いろいろな雑菌を寄びよせ、いたみやすくなる。

□生野菜を弁当に入れるのはNG

生野菜についている細菌は、水洗いでは完全には落ちない。気温が高いと、その細菌が増殖するので、弁当のおかずのなかでは、生野菜がいちばんいたみやすいと知っておこう。とりわけ、生野菜のなかでも、水分が多いキュウリ、トマト、レタスは要注意。また、マカロニサラダ、サンドイッチも、キュウリなどを使うことが多いので、注意が必要。

□ポテトサラダは避けるのが無難

いも類も足が早い。加えて、マヨネーズを使うと、水分が増える分、いたみやすくなる。

□料理をぎゅうぎゅうに詰めてはダメ

弁当箱におかずをぎっしり詰めると、その接触面から、いたんでいくことが多い。

□夏場、おにぎりを素手で握ってはダメ

黄色ブドウ球菌が手についている場合があり、激しい嘔吐など、食中毒の原因になる。夏場、おにぎりを握るときには、とくに手や指を念入りに洗うようにしたい。

◉知らないとマズい水筒の使い方

□ステンレス製の水筒に、炭酸飲料を入れるのはNG

酸性度の高いドリンクを長時間入れておくと、水筒が含む銅成分が溶けだして、下痢などの中毒症状を引き起こすリスクがある。炭酸飲料のほか、スポーツドリンク、乳酸菌飲料、果汁飲料などが酸性。

□水出ししたお茶を水筒に長時間入れっ放しにしてはダメ

水出ししたお茶は、市販の茶飲料と違って、加熱殺菌していないので、雑菌が繁殖しやすい。水筒に長時間、入れっ放しにするのはリスクが高い。

□金属タワシで洗ってはダメ

金属タワシでごしごし洗うと、水筒内部が傷つき、金属成分が溶けだしやすくなる。水筒の内部は、スポンジかヤシ製の道具で洗うのが正解。

□ペットボトルを水筒代わりに使うのはNG

ペットボトルは、いったんキャップを開けると、雑菌が入り込むことがある。水筒代わりに使うのは危険。

◉外から見えない〝外国の食〟のタブー

□パンのちぎったところを人に見せてはいけない

西洋料理を食べるときは、パンを丸かじりにするのはNGで、一口分ずつちぎって食べるのがマナー。その際、ちぎった面が見えるようにパンを置いてはダメ。ちぎった面を下向きに置いて、見えないようにするのが正しいマナー。

□ナプキンで顔をふいてはいけない

ナプキンは、口許や指先をぬぐうためのものである。顔や首筋をふいたりしないように。

□スプーンを使ってパスタを食べてはダメ

パスタ類にスープをからめたいときでも、スプーンを使うのはNG。フォークだけを使って食べるのが正しいマナー。

□スープをふうふう吹いて冷まさない

スープが熱いときでも、息を吹きかけるのはマナー違反になる。スプーンで表面をかるく撫でるようにすると、多少は温度が下がるはず。

□スペインで、出された食事を全て食べきるのはNG

世界には、食べ残すのがマナーという国もあれば、全部食べきるのがマナーという国もある。たとえば、スペインでは大さじ2杯ほど残すのがマナー。一方、フランスやインドでは、全部食べきるのがマナーで、残すとおいしくなかったという意味になってしまう。

□韓国料理で、箸とスプーンを同時に使ってはダメ

韓国料理には、石焼きビビンバやズンドゥプなど、箸とスプーンを同時に使うと、

食べやすい料理が多いが、それはマナー違反。スプーンを使うときは箸を置き、箸を使うときはスプーンを置くのが、正しい作法。

□韓国では、目上の人が食べ終わる前に席を立ってはいけない

韓国は、中国以上に儒教意識が残っている国であり、目上の人に対する礼儀を大事にする。目上と食事をするときは、目上よりも先に箸をつけてはいけないし、目上の人のペースに合わせて食べる必要がある。

2 「ニッポン」のNG

目上の人に筆記具、時計を送ってはいけない！

◉お正月にこれをやってはいけない！

□お正月に掃除をしてはいけない

正月から掃除をすると、せっかく訪れてくれた歳神《としがみ》（福の神）を掃き出してしまうことになりかねない。洗濯もＮＧで、「福を水に流してしまう」といわれる。

□火を使うのはＮＧ

正月から、火を使うと、台所の火の神である荒神《こうじん》様を怒らせかねない。それもあって、あらかじめ、おせち料理をつくっておくというしきたりが生まれた。せめて、元旦（元日の朝）くらいは、煮炊きをしないほうがいい。

□牛肉、豚肉を食べるのはＮＧ

正月から殺生をするものではないという意味から、牛や豚など、四足歩行の動物の肉を食べるのは忌まれてきた。一方、鶏はオーケーとされ、そこから、雑煮には鶏が使われるようになった。また、殺生を避けるため、「休みで暇だから」といって、釣りに出かけたりはしないほうがいい。

□刃物を使うのはNG

刃物を使うと「縁を切る」ことにつながるとされ、忌まれてきた。また、一年ケガなく過ごせることを願ううえでも、包丁は使った料理はしないものとされてきた。

□おせち料理の品数や切り方を偶数にしてはいけない

日本では古来、3・5・7・9の奇数が吉数とされてきた。一方、偶数は割り切れることから、別れる、死に別れる、縁が切れることにつながると考えられ、不吉とされてきた。

□お鉢の底を見せてはいけない

三が日中に食べ物を切らすと、一年中食べ物に困ることになるとされた。

□鍋物をしてはいけない

鍋物をすると、どうしても「灰汁《あく》」が出る。それが「悪」に通じるので、「鍋物はするな」とされた。このしきたりには「主婦を休ませろ」という意味合いもあった。

□**お賽銭以外に、お金を使うのはNG**

正月から買い物をしていると、1年中、出費が止まらなくなるとされた。そこで、昔の人は、正月には大きな買い物を避け、お賽銭以外の出費をなるべく避けるようにした。

◉一年の終わりにこれをやってはいけない！

□**12月29日に正月飾りをしてはいけない**

「29」は〝二重の苦〟に通じるため、正月の準備をしてはいけないとされた。また、12月29日には「苦をつく」ことになるので、「餅つきをしてはいけない」とされ、昔の人は賃餅の購入も避けた。

□**12月31日に、大急ぎで正月飾りをしてはいけない**

ぎりぎりまで押し詰まってから、正月飾りをするのは歳神様に失礼。また、「夜飾りは縁起が悪い」ともされるので、結局、正月飾りは12月30日の朝から昼にかけてするのがよいということになる。

□年越しそばは、年が明ける前に食べきる

年越しそばはその年のうちに食べ切ってしまい、悪い縁を断ち切るという意味がある。

□年越しそばを残すのはNG

年越しそばを残すと、「お金が逃げていく」といわれる。

◉年賀状に使ってはいけない言葉とは？

□「新年あけましておめでとうございます」はNG

厳密には「新年」と「明けまして」を同時に使うのは重複表現。「新年おめでとうございます」か「明けましておめでとうございます」のいずれかで充分。

□「去年」はNG

「去」という漢字は縁起が悪い。そこで、年賀状では「旧年」を使って「旧年中は、ひとかたならぬお世話になりました」などと書くのがお約束。

□「賀正」「迎春」を目上に使ってはダメ

「寿」を含め、1～2字の言葉は、同輩か目下の人向けの言葉。目上には「謹賀新年」や「恭賀新年」など、新年用の〝四字熟語〟を使うのが常識。

□「昨年は体調をこわして」など、ネガティブな言葉はNG

年賀状は、新年を言祝《ことほ》ぐものであり、一筆添えるにしても、「リストラされて」「妻と別れて」など、ネガティブな言葉は避けること。

□「赤ちゃんを期待しています」など、プレッシャーをかける言葉はNG

相手の幸せを願う言葉を一筆添えるにしても、そのフレーズが相手にプレッシャーをかけていないか、表現に留意したい。たとえば、「結婚報告を楽しみにしています」「合格のお知らせを期待しています」などはNG。

□（場合によって）「おめでとうございます」もＮＧになる

火事や災害などの被害にあった人に年賀状を送るとき、「おめでとうございます」を使うのは無神経。「年始のご挨拶を申し上げます」というようなニュートラルな言葉を選びたい。

□年賀状に使ってはいけない動詞

年賀状に一筆添えるときは、以下のようなネガティブな意味の動詞を使わないようにしたい。別れる、去る、失う、離れる、倒れる、戻る、朽ちる、敗れる、負ける、崩れる、流れる、消える、消す、往く、切る、終わる、割れる、壊れる、飽く、滅びる、散る、褪《あ》せる、詰める、失う、寂しい、枯れる、閉まる、など。

□年賀状に使ってはいけない形容詞

形容詞も同様で、年賀状では次のような形容詞の使用は避けること。弱い、嫌い、浅い、疎《うと》い、苦しい、痛い、冷たい、悲しい、重い、薄い、など。

◉冠婚葬祭のＮＧ① 結婚式の服装 女性編

□披露宴にツーピースは場違い

披露宴では、忌み言葉を連想させるようなものを身につけるのはタブー。たとえば、ツーピースは上下二つに分かれているが、これが「別れる」につながるので、披露宴の衣装としてはＮＧになる。

□教会の結婚式に振袖は場違い

教会の結婚式に振袖姿で参列するのは場違いというもの。新郎新婦をはじめ、出席者の大半も洋装のため、主役の花嫁よりも目立ちかねない。教会式に和装で出たいときは、派手な振袖ではなく、訪問着や色無地などにとどめておくのが無難。

□真っ白な服はＮＧ

白に近い色も避けるのが、大人のファッションマナー。白は花嫁のため。白に近い色も避けるのが、大人のファッションマナー。

□真っ黒もダメ

黒っぽい服のときは、コサージュなどをつけて、華やかさを演出したい。

□柄物は避ける

フォーマルな装いは、明るい色の「無地」が基本。少なくとも、大きな柄の入った服は避けたい。

□肌の露出が多い服はNG

フォーマルな席では、胸や背中が大きく空いた服は場違い。肩が出る服はショールをはおるとよい。ミニスカートも避けること。

□毛皮や革も場違い

毛皮や革製の衣装は、「殺生」を連想させるため、めでたい席には場違い。革製のバッグも避けたい。ベルトや小物は、目立たないので、許容範囲。

□披露宴にローヒールはNG

女性は正装時には、ヒールのあるパンプスを履くのがマナー。やむをえず、ヒールの低い靴を履くときは、エナメル素材や、スパンコール、ビーズなどで飾り付けられた靴を選んで、華やかさを演出するといい。

□ブーツ、ミュールは場違い

ブーツ、ミュールはともにカジュアルな靴であり、結婚式にはNG。ブーツは、丈の短いものでもダメ。

□黒ストッキング、柄ストッキング、生足、タイツ、ハイソックスはNG

フォーマルな席では、無地のストッキングをはくのが常識。

◉冠婚葬祭のNG②　結婚式の服装　男性編

□「平服でお越しください」とあっても、ふだん着はNG

招待状に「平服でおこしください」と添えられていることがあるが、この「平服」

は「略礼装」のことなので、カジュアルな姿で出席して恥をかかないように。礼服か、最低でもスーツは着用したい。

□白ネクタイである必要はない

ネクタイは、シルバータイや白黒の縞でもOK。

□ダブルの礼服は、親族、年配者向け

礼服は、シングルが基本である。ダブルの礼服は、新郎新婦の親族か、年配者ならOK。

◉冠婚葬祭のNG③ 結婚式・披露宴・結婚祝い編

□披露宴に遅刻すると、みっともない思いをする

披露宴会場は、式が始まるとドアが閉じられるので、こっそり会場に入ろうと思っても目立ってしまうもの。遅刻したときは、受付係らに声をかけ、会場に入りやすいタイミングでドアを開けてもらうとよい。

□いい大人が控え室ではしゃぐのはNG

披露宴の控え室では、懐かしい顔と再会することが多いが、大はしゃぎするのはNG。参加者のなかには、新郎新婦の会社の上司らもいる。身内や友人が場所柄もわきまえないで騒いでいると、新郎新婦の評価まで下げることになりかねない。

□桜湯の桜を飲みこむのはNG

披露宴の控室では、桜湯が提供されることがある。桜湯は、桜の花びらの塩漬けを浮かべた茶であり、桜は「花開く」ことから祝いの席で供される縁起物。その桜の花びらを飲み込んでしまうのは、マナー違反になる。

□祝儀袋の金額を洋数字で書いてはダメ

祝儀袋の中袋の金額を書き込む欄に、「¥30000」などと、洋数字で書き込むのはNG。古い漢数字を使い、「金参萬円也」などと書くのが大人の常識。むろん、中には新札を入れること。

□祝儀袋の表書きをボールペンで書いてはダメ

祝儀袋の表書きをボールペンで書くのはNG。上手下手も気にせずに、毛筆（せめて筆ペン）で書きたいところ。書く前は一度か二度、練習し、心をこめて書きたい。

□披露宴会場の入り口で長々と挨拶してはダメ

披露宴会場の入り口では、新郎新婦らが出席者を出迎える。そこで、長々と挨拶すると、他の出席者に迷惑をかけてしまう。挨拶は頭を下げながら、「本日はおめでとうございます」と手短かにすませるのが常識。

□お酒を飲めない人もジュースでの乾杯は避ける

乾杯は形式的なもの。お酒が苦手な人も、ジュースなどで乾杯するのは避け、乾杯用のシャンパンを持つのがマナー。むろん、飲めないなら、口をつける真似だけでかまわない。

□人のスピーチ中に席を立ってはダメ

他の人のスピーチ中には、席を立たないこと。スピーチの合間の歓談中に、静かに席を立つようにしたい。それも、トイレに行きたくなったり、子供がグズったなど、やむを得ない場合だけにとどめたい。

□参列者がバージンロードを踏んではダメ

キリスト教式の結婚式では、新婦が父親と腕を組んでバージンロードを歩く。新郎新婦と立会人以外がバージンロードを踏むのはNG。その上を飛び越すのも不作法なので、席に着くときは回り道をして、反対側から座ること。

□三三九度は飲み干さない

三三九度の杯では、お神酒《みき》を三回に分けて飲むが、いずれも口をつける程度で飲み干さなくてもいい。酒を飲めない人は、無理して飲まず、飲む真似をするだけでかまわない。

□こんなものを結婚祝いに贈ってはいけない

包丁、はさみは、縁が「切れる」ことを連想させるため、NG。陶器、ガラスは「割れる」ことを連想させるため、避ける。櫛《くし》は、音が「苦」「死」につながるため、結婚祝いに限らず、人には贈らないもの。

◉冠婚葬祭のＮＧ④ 披露宴のタブー語編

□「ケーキを切る」と口にしてはダメ

結婚式・披露宴では使えない忌み言葉が多数ある。たとえば「切る」は縁を切ることにつながるので、「ナイフを入れる」「入刀する」に言い換える。ほか、終わる、分かれる、帰る、離れる、去る、出る、死ぬ、枯れる、など不吉な言葉はＮＧということをおさえておきたい。

□「くれぐれも」「重ね重ね」「重々」は、くれぐれもＮＧ

同じ言葉を繰り返す「重ね言葉」は、再縁を連想させるので、忌み言葉になる。再び、再度なども同じ理由から使えない。

□「最後になりますが」は×

通常のスピーチは「最後になりますが」と締めくくることが多いが、おめでたい席で「最後」という言葉を使うのはＮＧ。

□「若い」は新郎新婦に失礼

「若い」は、未熟というニュアンスを含むので、新郎新婦に対して親族以外が使うのはＮＧ。花嫁をほめたいときは、美しい、きれい、かわいらしい、などの形容詞を選ぶとよい。

□「おなかに子供がいます」「できちゃった」という必要はない

たとえ、それが事実であっても、花嫁のおなかが大きくなっていても、わざわざ口にする必要はない。

□結婚式でこれを歌ってはいけない

『アメイジング・グレイス』は、欧米では葬儀に使われる歌。ホイットニー・ヒューストンの『アイ・ウイル・オールウェイズ・ラブ・ユー』は、愛しき人の前から去っていく歌。『愛の賛歌（讃歌）』は、恋人との死別の歌。

◉冠婚葬祭のNG⑤　葬儀編

□葬儀会場へタクシーで乗りつけてはダメ

葬儀会場の入り口にタクシーで乗りつけると、遺族に不遜で横着な感じを与えかねない。葬儀会場へタクシーで向かうときは、少し手前で降りて、歩いて会場に向かったほうがいい。

□知人と出会っても葬儀で笑いかけてはダメ

葬儀会場では、久しぶりの人と出会うことが多い。そんなときでも、笑顔になるのはNG。とくに声を出して笑うと、遺族の気持ちを傷つけることにもなる。

□線香の火を息で消すのはNG

線香の火を息で吹き消してはいけない。焼香は故人の霊に対して行うものであり、人の顔に息を吹きかけるのが失礼なのと同様、故人の霊にも息を吹きかけるのはきわめて無礼なこと。線香の炎は、手であおって消すのが常識。

◉冠婚葬祭のNG⑥ 葬儀の服装編

□葬儀に光り物はNG

葬儀に出向くとき、アクセサリーに光り物を使うのはNG。服装が黒でも、イヤリングや指輪が光っていては台無しになってしまう。メイクも、パール入りなど、キラキラしたものは避けるのが常識。

□喪服にタイピンはNG

ネクタイピンも、光りやすいアクセサリーの一種といえ、喪服のときは使わないほうがいい。会社帰りに弔問に行くときも、ネクタイピンをはずすようにしたい。カフスボタンも同様で、葬儀にははずしていくこと。

□葬儀に2連のネックレスは縁起が悪い

2連は「重なる」ことにつながり、不幸が「重なる」ことを連想させるため。葬儀につけていくネックレスは、1連に限ること。

□真夏の葬儀でもノースリーブはNG

葬儀に行くときは長袖が基本で、夏場は半袖は許容範囲。一方、ノースリーブ、レースなど透ける布地を使ったもの、胸の大きく開いたブラウス、大きなスリットの開いたスカートは避けること。

□コートや傘も派手なものはNG

雨の日や冬場の葬儀には、傘をさし、コートを着て行くことになるが、注意したいのは傘やコートの色と柄。花柄の傘や派手なコート姿で訪れては、常識を疑われる。傘やコートも、黒またはそれに近い色を選びたい。

◉冠婚葬祭のNG⑦　香典編

□香典をむきだしで持参してはダメ

香典をカバンや内ポケットにむきだしのまま入れると、香典を粗末に扱っているように思われかねない。香典を持参するときは、袱紗《ふくさ》に包むのが本来のマナー。袱紗がなければ、小さな風呂敷で代用してもいい。

□香典に新札はＮＧ

結婚のご祝儀には新札を使うが、香典に新札はＮＧ。葬儀に新札を持っていくと「前々から準備していました」といった印象を与えかねない。とはいえ、ヨレヨレの札はみっともないので、少々使用感のある程度のお札を選びたい。

□表書きを黒々と書いてはダメ

香典の裏側に自分の名前を書く際、黒々と書くのはＮＧ。香典には薄墨を使うのが常識で、墨をするときは軽くする程度にし、墨汁を使うときは水で薄める。筆ペンには、香典用の薄墨ペンがあるので、それを使えばいい。

◉冠婚葬祭のＮＧ⑧　葬儀のタブー語編

□「ますます」「度々」「くれぐれも」「続く」「追って」「繰り返す」は×

葬儀も結婚式と同様、「繰り返す」ことを連想させる言葉は、忌み言葉になる。

□「死去」「死亡」は×
葬儀、通夜の席では、「死」という言葉は、なるべく避けたい。「ご逝去」「お亡くなりになる」などに言い換える。

□「生きる」「生きていた頃」は×
「生きる」という言葉を使うと、なまなましさが出てしまう。「生前」や「お元気な頃」を使うと、違和感なく故人のことを語ることができる。

□キリスト教・神道式の葬儀で「ご冥福」はＮＧ
「冥福」は仏教の言葉なので、他の宗教で行われる葬儀では、ＮＧ。

◉やってはいけない「お墓まいり」とは？

□新盆のときに平服はＮＧ
新盆、一周忌のあとの墓参りには、礼服を着るのが常識。三回忌以降の法事も、礼服のほうが望ましいが、地味目の服であれば、常識外れとは思われない。

□お寺のお墓に直接行ってはいけない

寺院内の墓地を参るとき、ご先祖のお墓に直接行ってはいけない。お寺は霊園ではないので、まずは本堂にお参りするのが常識。

□すぐに、お線香を焚いてはいけない

ご先祖の墓に参るとき、いきなり線香に火をつけてはダメ。線香やお花を供える前にゴミや雑草を取り除き、墓石に水をかけるなど掃除をすること。

□トゲのある花、毒のある花、つるのある花を供えるのはNG

バラなどのトゲのある花、また毒のある花は、供花にはNG。また、つるのある花も「からみつく」のでNGとされる。

□ユリを供えてはダメ

ユリの花は縁起が悪いわけではないのだが、花粉量が多いため、墓石にシミがつく

ことがあるので、実用面からいって避けたほうがいい。

□供えた食べ物や飲み物を置き放しにして帰ってはダメ

寺院や霊園の周辺にはカラスの巣があることが多い。供え物を残していくのは、カラスを呼びよせているようなもの。

◉「四十九日」の間にしてはいけないこと

□結婚式に参加するのは、基本的にはNG

身内の死後、四十九日の間は喪に服する期間であり、基本的に祝い事への参加は避けたほうがいい。ただし、近頃はかならず避けられているわけでもない。招待され、欠席したいときは、相手に事情をよく説明したほうがいいだろう。

□神社への参拝はNG

四十九日の間は、お祭りへの参加を控えたほうがいい。神道では、身内の不幸はケガレとされ、喪中の人は神事であるお祭りへの参加は控えたほうがいいとされる。

□引っ越し、新居を建てるのは避けたほうがいい

四十九日の間は、故人の霊がまだ家の周辺にいるとされる。その間は、引っ越ししたり、古い家を壊したりしないほうがいい。

◉仏壇のお参りにはタブーがある

□お鈴《りん》を打ってはダメ

本来、お鈴を打つのは、お経を唱え始める合図。手を合わすだけのときは、打たないのが正しい作法。

□数珠を畳の上に直接置いてはダメ

数珠は仏具であり、そのあたりにぽんと置いておくようなものではない。数珠入れ用の袋の上に置くのが正しい作法。また、数珠を手にかけたまま、トイレに行ったりしないように。

□**故人の好物だからといって、生臭物《なまぐさもの》や酒を供えない**

亡くなった人か好きだったからといって、肉や魚など、殺生したものを仏壇に供えるのはNG。また、神棚には御神酒を供えるが、仏壇には酒を供えない。

□**関係のない仏像を入れてはダメ**

仏壇に、ご本尊以外の仏像は入れないように。また、仏壇に向かって、宗派の異なるお題目を唱えてはダメ。

◉神社でのふるまいにはタブーがある

□**神社の参道は左側を歩かないとダメ**

本殿に向かう参道の真ん中は、神様の通られる道。また、多くの神社では左側通行なので、参道の左端を歩くとよい。

□**お参りをせず、御朱印だけをもらいに行くのはNG**

御朱印集めが流行しているが、スタンプラリーではないのだから、神社にただ御朱印だけをもらいに行くのはＮＧ。まずは本殿に参拝し、それから御朱印をお願いする。

□寺社が多忙なときに、御朱印書きを頼むのはＮＧ

専門の係がいるような大寺院や神社でないかぎり、法事中や結婚式の最中など、寺社が忙しいときに御朱印書きを頼むのは非常識。

□お祭りで御神輿を上から見下ろしてはダメ

御神輿は、神様の乗り物。だから、お祭りで御神輿が出るときに、よく見えるからといって、ビルの上などから、見下ろすのは、神様に対して失礼にあたる。沿道におりてやや見上げるというのが、御神輿＝神様に対する作法。

◉そういう贈り物をしてはいけない

□筆記具を目上に送るのはＮＧ

贈り物は、その品がメッセージを含むことがある。たとえば、図書券を贈ることには「もっと本を読みなさい」というメッセージが含まれる。筆記具は「もっと勉強せよ」「より努力せよ」という意味を含むので、目上に贈るには不向き。

□時計を贈るのも失礼

時計を贈ることは、「時間を守りなさい」、「より勤勉に」という意味を含むので、これも目上に贈るのは失礼になる。

□印鑑も×

高校の卒業生に印鑑をプレゼントすることがあるが、これは印鑑に「自立してください」という意味があるため。やはり、目上に贈るには不適当な品。

□エプロンは気軽には贈れない

人がエプロンをつけるのは、台所に立つなど、働こうとするとき。だから、「もっと働きなさい」という意味を含み、目上のほか、病気の人や失業中の人に贈るのは不向きな品といえる。また、カバンも「もっと働きなさい」という意味を含むので、こちらも目上や失業中の人に贈るときは注意が必要。

□履物、敷物、靴、靴下は×

靴などは、足で踏む、踏みつけるものなので、そもそも贈り物には不向き。とりわけ、目上に対しては。

◉知っていますか？　新築祝いのタブー

□火を連想させるものは×

新築祝い、引っ越し祝いに、「火」を連想させるものを贈るのは、昔からのタブーである。ストーブ、コンロ、ホットプレート、アロマキャンドル、灰皿などは、避けること。

□赤いものは×

「赤」は火を連想させる色。そこで、赤色の品を贈るのは、なるべく避けたほうがいい。赤ワイン、赤いスリッパ、赤いタオルなど。包装紙やラッピングも、赤を使わないようにする人もいる。

□絵画、掛け時計も不向き

絵や時計をかけるためには、壁を傷つけなければならない。美術品なら穴を開けないですむ置物、時計なら置き時計を選んだほうがいい。ただし、置き物などは趣味が合わないかもしれないので、大きな物を贈るのは、避けたほうがいい。

◉大人なら知っておきたい「贈り物」のNG

□御中元を7月半ば過ぎてから贈ってはダメ

御中元は、7月初めから7月15日までに贈るもの。それ以降は、暑中見舞い、残暑御伺いなどとする。

□お中元に生もの贈るのはNG

夏場は、生ものがいたみやすい季節。中元の時期、生ものが3つも4つも届いてしまったら、とても食べきれない。定番ではあるが、お中元には保存の効くものがベター。

□今どきは入院見舞いに花はNG

近年の病院には、花を飾ることを禁止しているところが多い。花粉トラブルや香りトラブルを避けるためだ。そこで、入院見舞いには、菓子や果物が無難ということになる。また、花を贈れる病院でも、ケシ（花が散りやすい）やツバキ（花首ごと落ちる）などを贈るのは、昔からのタブー。

□出産祝いを産まれる前に送るのはNG

昔よりは減ったものの、今も死産がゼロになったわけではない。無事、産まれてくるかどうかわからないのに、出産前にお祝いを贈るのは、フライング。

□快気祝いはあとに残るものは贈らない

病気やケガがあとをひかないように、「消え物」を贈るのがマナー。食品では、コーヒーやお菓子などの定番品のほか、自然食品、昆布、かつおぶしや、溶けて〝なくなる〟チョコレートなどを贈るとよい。また、入浴剤やタオルには「水に流す」という意味がある。

□母の日のプレゼントに黄色いカーネーションはＮＧ

黄色いカーネーションの花言葉は「嫉妬」や「軽蔑」なので、避けること。なお、よく知られているが、白い花の花言葉は「亡き母を偲ぶ」なので、存命中の母に贈ってはいけない。

□お祝い事にハンカチは×

ハンカチは、別れのときに振り、あるいは、涙をぬぐうときに使うもの。そこから祝い事には使えない。一方、タオルはＯＫ。

□お祝い事に日本茶は×

日本茶は、弔事用に使われることが多いため、お祝い事に贈るのはＮＧ。ハーブティや紅茶ならＯＫ。

3　「暮らし」のNG

パスポートと防虫剤を一緒に保管してはいけない！

◉誰もがやりがちな危ないパスワード

□単純な数字の組み合わせは×

さまざまな場面で、パスワードや暗証番号を使う機会が増えたが、以下のような言葉・数字は、探り当てられやすいので、使わないほうがいい。まず、6桁の数字の場合は「123456」、8桁の数字の場合は「12345678」が最悪。

□他の人にも想像のつく数字は×

暗証番号には、誕生日、電話番号、カーナンバーなど、他の人も容易に想像できる数字を使うのもダメ。たとえば、以前、サーファーは「1173」(=いい波)を銀行カードの暗証番号に使うことが多く、車上狙いのカモにされていたというようなケースもある。

□自分の名前、夫・妻・子供の名前、ペット名は×

自分はむろんのこと、身内、ペットなどの名をパスワードに使うのはNG。また、流行りの言葉を使うのも避けたほうがいい。

□単純なアルファベットの組み合わせは×

最悪は、ａｂｃｄｅｆ、ＡＢＣＤＥＦなど。また、大文字だけ、小文字だけの組み合わせも避けたほうがいい。

□パスワードの定期的な変更は×

ネットバンキングなどの画面を開くと、「パスワードを定期的に変更してください」などの表示が出るが、実際問題としては、頻繁にパスワードを変更すると、いいかげんに作ることになり、かえって突破されやすくなることがある。

◉スマホが水没したときの禁止事項

□ドライヤーで乾かしてはダメ

スマホを水没させてしまったときは、急いで乾かしたくなるが、スマホは髪の毛ではないのだから、ドライヤーを当ててはダメ。高温の熱風を吹きかけると、内部が焼けてしまうことがある。

□**振ってはダメ**

機械の調子がおかしくなったときは、反射的に振りたくなるものだが、水没スマホを振ってはダメ。濡れていないところまで、濡れるリスクが高まるだけ。

□**電源を入れてはいけない**

スマホに電源が入っているときは、すぐに消すこと。充電はもってのほか。ショートしたら、事態はますます悪化する。

◉これをするとパソコンが〝短命〟になる

□**強制シャットダウンや電源コードを引き抜いてはダメ**

パソコンがフリーズしたときは、強制終了させたくなるものだが、乱用は危険。システムファイルが壊れたり、ハードディスクが損傷するリスクがある。

□室温が高すぎても低すぎてもダメ

パソコンの動作環境としては、15～25℃が望ましい。

□長時間の通電はNG

パソコンの電源を切ると、再び立ち上げるのがいささか面倒ではあるが、使わないときも通電し続けるのはNG。パソコンの寿命を考えると、使わないときは、いったん電源を切るのが望ましい。

◉スーツの手入れについての大人のNG

□雨の日に、タオルでゴシゴシ拭くのはNG

スーツなどウール製の衣料を濡れたときに摩擦すると、毛表面が傷み、質感を落とすことになる。タオルで叩くようにして湿気をとり、自然乾燥させるのがベター。

□直接アイロンをかけるのはNG

ポリエステル生地は、熱に弱いため、アイロンをかけると、てかりの原因になる。

霧吹きで水を吹きかけ、シワを伸ばしておけば、あとは繊維の復元力でシワが伸びる。

□同じスーツを着つづけるのはダメ

スーツは、3着用意して着回し、1日着たら、2日休ませるのが理想。少なくとも、2着用意し、1日置きに着るようにすると、長持ちする。

□ポケットにものを入れっ放しにしてはダメ

ものの重みで、型崩れの原因にもなる。とりわけ、ポケット周辺の生地が伸び、シワになりやすい。

◉そういう雨の日の服装はNG

□革製品を持ってはダメ

革製品は水に弱く、濡れると、シミができる。バッグ、靴、小物類などの革製品を雨の日に使うのは避けたほうがいい。

□シルクとレーヨン素材の服はNG

シルクとレーヨンは水に弱いので、雨の日に着てはダメ。とりわけ、レーヨンは、意外に多くの製品に使われているので要注意。

□ムートンブーツを履いてはダメ

羊の毛皮であるムートンは、水に弱く、濡れると雨ジミができやすい。とりわけ、濡れやすいムートンブーツを履いて出かけるのはNG。

◉かえってダメにする革製品の手入れ法

□化学ぞうきんを使ってはダメ

化学ぞうきんを使うと、表面についたホコリが、いったんはよくとれる。ただし、その後、薬剤がべたつくため、かえってほこりがつきやすくなる。また、変色するリスクもある。

□靴クリームをつけて拭くのはNG

靴クリームは油成分が多すぎるので、靴以外の革製品に使うのはNG。シミやべたつきの原因になってしまう。

□オリーブオイルの使用はNG

オリーブオイルを使うと、革が多少はやわらかくなるが、その後、革の劣化が早まってしまう。シミができるおそれもあるのでNG。

□牛乳でつや出ししてはダメ

牛乳で磨くと、いったんはつやが出る。ところが、その後、革の表面が固くなり、ひび割れが生じることもある。また、カビが生える原因になるリスクもある。

◉洗車のタブーをご存じですか？

□天気がいい日の洗車はNG

よく晴れて湿度が低い日に洗車すると、水がすぐに蒸発していくのだが、その分、水滴の跡がつきやすくなる。

□風が強い日に洗車してはダメ

風が強い日は、砂ぼこりが舞い、車体に付着しやすい。その影響で、車体に細かな傷ができるおそれもある。

□最初からスポンジを使ってはダメ

洗車は、まずは車体に水をかけて、付着している物質を洗い流したい。いきなりスポンジを使ってゴシゴシ洗うと、付着している物質で車体を傷つけてしまうことがある。

□タイヤをあとで洗ってはダメ

最も汚れているタイヤを最初に洗うのがコツ。タイヤを後回しにすると、汚れが飛び散って、それまでの作業が水の泡になることもある。タイヤ以外の部分は、上から下に洗うのがコツ。

◉車の中に放置しておいてはいけないもの

□エアゾール製品を車の中に放置してはダメ

冷却スプレーなどのエアゾール製品をむきだしで車内に放置しておくと、直射日光を浴びて熱を帯び、発火、爆発するおそれがある。車内に置くときは、カバンや袋などに入れ、直射日光を浴びないようにしておくこと。

□化粧品は×

口紅がとけたり、中身が膨張したりするおそれがある。容器自体が膨らむこともあれば、前項で述べたようにエアゾール製品が破裂することもある。

□吸盤もNG

吸盤付きの小物類などをぶらさげたりすると、透明の吸盤部分が、レンズの働きをして日光を集めて発熱、火災につながるおそれがある。

□炭酸飲料は×
透明な容器にはレンズ効果によって、太陽光を集める働きがあり、発熱、破裂するおそれがある。

◉こんな掃除・洗濯の仕方はＮＧ

□掃除をする前に、窓を開けてはダメ
窓を開けると、風が吹き込み、床に落ちているホコリやダニが舞い上がってしまう。舞い上がると、掃除機で吸い込めなくなる。

□フローリングで、いきなり掃除機をかけてはダメ
掃除機の排気によって、ホコリが舞い上がでしまう。まずは、モップをかけるのがベスト。

□晴れた日に窓ふきをしてはダメ
よく晴れた日は、窓ふきには不向き。汚れが乾いているため、落ちにくい。窓ふき

は、湿度が高く、汚れがゆるんでいる曇った日にするもの。

□夜干しはNG

夜、洗濯物を干していると、虫が集まってきて、卵を産みつけられるおそれがある。とりわけ、山や公園に近い場所では避けること。また、夜は乾きにくいため、洗濯物から嫌な臭いが発生しやすくなる。

□布団のカバーをはずして干してはダメ

カバーをはいで布団を干すと、直射日光を浴びるため、布団本体の布地が傷んでしまう。

◉カビ対策で失敗する人のやり方とは？

□履いた靴をすぐにしまうのはNG

蒸れた状態の靴は、カビの温床になりやすい。とりわけ、梅雨の時期など、湿度の高い季節は、すこし乾燥させてから収納したほうがよい。

□洗濯機のふたを閉めっぱなしにしていてはダメ

洗濯機内部は、温度・湿度が高い状態にあり、カビの温床になりやすい。ふたを開けて、よく乾燥させること。

□クローゼットを閉めっ放しにするのはNG

クローゼットを閉めっ放しにしておくと、気づいたときには、カビが生えていたということになりやすい。少し隙間を開けるようにして、空気が入れ代わるようにしておきたい。

◉やっていませんか？　エアコンのダメな使い方

□新築の家でエアコンを強くかけるのはNG

新築の家やマンションは、材木や壁が生乾きの状態にある。そのため、エアコンを強くかけ、急激に乾燥させると、柱や壁がゆがんだり、ヒビ割れが生じたりするなど、支障が出るおそれがある。新築から1年間は、エアコンを弱めの設定にしておきたい。

□エアコン使用中にカーテンを開けていてはダメ

窓のカーテンを開けたまま、エアコンを使うのは効率が悪い。太陽熱を受けるため、部屋が冷えにくい。当然、電気代がかさむことになるので、エアコンを使うときには窓にカーテンをひくこと。

□エアコンの室外機を南側に置いてはダメ

エアコンの室外機を南側に置くのはＮＧ。太陽熱の影響で放熱効果が悪くなり、運転効率が落ちる。部屋がなかなか冷えないし、電気代もかさむというわけ。南側に置かざるをえない場合は、日除けをつけるようにしたい。

□暖房器具を窓から離れた場所に置くのはＮＧ

暖房器具は、窓に近い場所に置いたほうがよい。窓側の空気は外気の影響で冷やされている。そこに暖房器具を置くと、温められた空気が上昇し、対流現象が順調に進んで、部屋全体がまんべんなく温まっていく。

◉やっていませんか？　冷蔵庫のダメな使い方

□冷蔵庫の上にものを置いてはダメ

冷蔵庫の上に、モノを置くと、冷蔵庫の放熱を妨げ、庫内の温度が上昇しやすくなる。その分、強く冷やす必要があり、消費電力が増加する。冷蔵庫の上はモノを置かず、また熱をためこむことになるので、カバーもかけないほうがいい。

□冷凍庫に霜をためてはダメ

霜がたまると、やはり放熱の妨げになり、消費電力が増加、電気代が余分にかかることになる。さらに、庫内の温度が高くなり、食品の冷凍に時間がかかり、食品の質・味が落ちやすくなってしまう。

□冷蔵庫内を洗剤でふいてはダメ

冷蔵庫内では、低温に強い細菌やカビが繁殖することがあるので、ときどきは庫内を掃除したいが、そのとき、中性洗剤を使うのはＮＧ。中性洗剤では汚れは落ちても殺菌できないので、消毒用エタノールか漂白剤溶液でふくこと。

□背の低いものを冷蔵庫の奥に置いてはダメ

背の低いものを冷蔵庫の奥に置くと、手前の背の高いものに隠れるため、つい使い忘れて、気づいたときには賞味期限切れということになりがち。背の低いものは手前、高いものを奥に並べるのが冷蔵庫収納のコツ。

◉庭には植えないほうがいい植物

□竹を庭に植えてはいけない

竹は、他の植物と違って、地下茎を広げることで、生息域をどんどん広げていく植物。繁殖力が強く、いったん増えはじめると、まず駆除できなくなる。

□ドクダミは×

ドクダミは、ひじょうに生命力の強い植物であり、抜いても抜いても生えてくる。

□ミントも×

ミントも、生命力の強い植物であり、抜いても抜いても生えてくる。名前はかわいいが、ヨーロッパでは雑草扱いされている植物。

◉雪の捨て方をめぐるＮＧ

□家に積もった雪を道路に捨ててはダメ

敷地内に積もった雪を道路に投げ出すと、通行の妨害になり、道路交通法違反に問われかねない。

□川に捨ててはいけない

積もった雪を無断で川に捨てると、河川法違反になる。

□雪を溶かすときにお湯を使ってはダメ

お湯をかけると、多少は雪が溶けるが、溶けているのは表面だけで、残りは氷になる。氷にお湯をかけるのは、スケートリンクをつくるときの方法であり、丈夫で分厚い氷を作ることになってしまう。

◉地震、台風、洪水…まさかの時のまさかのＮＧ

□洪水のとき、長靴はＮＧ

長靴は上部が開いているので、洪水時にはそこから水が入り、かえって動きにくくなる。履き慣れた運動靴のほうがいい。

□洪水のとき、自動車はＮＧ

洪水時には、車の電気系統やエンジンに水が入るなどして、車が動かなくなることがある。また、20ミリ以上の雨が降ると、ワイパーはきかなくなり、ハイドロプレーニング現象の可能性が高まって、運転するのはひじょうに危険な状態になる。洪水から逃げるときは、徒歩が原則。

□エレベーターを使ってはダメ

地震や火災のとき、エレベーターを使ってはダメ。停電で止まり、中に閉じ込められるおそれがある。

□用水路、河川、マンホールに近づいてはダメ

大雨、洪水時には、用水路、川、海の見回りで事故が起きやすい。また、切れた電線に近づくのもNG、感電のおそれがある。また、ブロック塀、自動販売機も倒れてくる可能性があるので、近づかないほうがいい。

◉暮らしのなかには、意外な落とし穴がある

□パスポートと防虫剤を一緒に保管するのはNG

パスポートと防虫剤を一緒にして置いておくと、パスポートのカバーなどが変色してしまい、入出国審査時にトラブルになることもある。外務省も注意をうながしている。

□クレジットカードの裏面に署名をしないとダメ

クレジットカードのサイン欄を空欄にしておくと、拾った人（盗んだ人）にいいよ

うに使われてしまう可能性がある。カード会社の保証を受けることもできない。サインしておくと、盗難保険がついているので、不正利用による損害を保険でカバーしてもらえる。

□外国人のヘアスタイルを真似してはダメ

日本人と外国人では、髪の太さや髪質が違う。日本人の髪はケラチンが多いため、太く、0・09ミリもある。一方、欧米人は0・03ミリ程度。髪質も、欧米人は波状毛が多く、日本人は直毛が多いので、欧米人のあのウェーブを真似しようとしてもうまくいかない人が多い。

□電池と金属類を一緒に保管するのはNG

電池を金属製品などの導電物と一緒に保管すると、ショートしやすくなる。電池が劣化するだけでなく、発熱、感電、火災の原因にもなるので注意。

□ペットボトルを灰皿代わりにしてはダメ

まず、ちゃんと消えていないケースがあり、火災の原因になる。また、うっかり誤飲するおそれもある。そのうえ、ペットボトルをリサイクルしにくくなると、いいことは何もない。

□リュックの底に重いものを詰めるのはNG

リュックの底に重いものを詰めると、リュックが地面方向に引っ張られ、肩に大きな負担がかかる。リュックの底には衣類など軽いもの詰め、その上に重いものを詰めたほうが、リュックは軽く感じられる。

□飛行機内では、ペットボトルのキャップをしっかり閉めないとダメ

飛行機内では気圧が変化するので、キャップをゆるく締めていると、キャップがはずれ、中身がトランク内などで漏れだす危険がある。

□花火をライターで点火するのはNG

ライターは火力が強いため、花火が爆発しかねない。マッチを使うときも、すってから火勢が落ちつくのを待って点火すること。安全を期すには、火勢が安定しているローソクで火をつけるのが、いちばんいい。

□封書をセロハンテープで止めてはダメ

封書をセロハンテープで封じるのは、マナー違反。封書は「〆」の字を入れたうえ、糊で封をしてこその封書。セロハンテープを使うと、封書を軽く扱っているように思われる。むろん、ホッチキス止めもマナー違反。

◉犬の飼い方のNG① こういうしつけは×

□「高〜い高〜い」をしてはダメ

子犬を「高〜い高〜い」すると、子犬の目線が人間よりも高くなる。すると、子犬は自分のほうが、飼い主よりも序列が上だと思いやすくなる。

□寝ころがり、自分の腹の上で遊ばせてはダメ

犬同士では、寝ころがって腹を見せるのは服従のポーズ。加えて、自分の体の上に乗せるのは、マウントされることを意味する。

□犬を先に食事させてはダメ

犬の群れでは、リーダーが先に獲物やエサに食らいつく。犬と同時に食事をするときは、人間が手をつけるまで、待たせること。

□無駄吠えしている犬の名前を呼ぶのはNG

犬は、名前を呼ばれると、ほめられたと錯覚する。無駄吠えする犬に対しては、近くにペットボトルを投げるなどして、音で驚かせて禁止するとよい。

□長いリードをつけて、散歩させるのはNG

散歩のとき、長いリードをつけると、犬は自由に動ける範囲が広くなり、飼い主を引っ張り回すことになりがち。すると、犬は飼い主を従者のように思いはじめる。

□飛びつく犬の頭を撫でてはダメ

犬が飛びついてくるのは、自分よりも下位だと思っているから。その頭を撫でてほめたりすると、犬はますます自分のほうが上位だと思いはじめる。

◉犬の飼い方のNG② これを食べさせるのは×

□タマネギ、ネギを犬に食べさせてはダメ

犬は、タマネギなどに含まれるチオ硫酸塩の消化酵素をもっていない。そのため、アリルプロピルジスルファイドという成分が赤血球を破壊し、溶血性貧血などの病気を引き起こす。タマネギ、ネギ、ニラなど、ネギ科のものを犬に与えるのは避けたほうがいい。また、ハンバーグ、すき焼き、カレーの残りなど、タマネギ、ネギを含む人間の食べ物を与えるのも要注意。

□ニンニクは×

ニンニクも、タマネギなどと同じ成分を含んでいる。やはり、赤血球を壊すおそれがあるので、犬には与えないこと。

□レーズンは×

大量に与えると、肝不全を起こす可能性がある。ネコに与えるのもダメ。

□ブドウは×

腎臓の機能に障害を起こすことがある。

□エビ、タコ、イカ、カニを与えるのもNG

消化不良を起こしやすくなる。とくに、生はダメ。

□鶏肉の骨は〝危険物〟

細くとがっているため、のどや内臓に突き刺さるリスクがある。

□人間用の牛乳を与えてはダメ

犬は、人間用の牛乳を飲むと、軟便になりやすい。犬用のミルクを与えること。

□過度な塩分は×

犬は汗腺が発達していないため、人間のようには汗をかけず、体内の塩分濃度の調節能力が低い。人間用のハム、ソーセージ、ジャーキーなどを食べると、塩分過多になりやすい。

◉猫の飼い方のNG① こういうしつけは×

□ネコの目をじっと見つめてはダメ

ネコと、正面から目を合わせると、ケンカを売っていることになり、いきなり、ネコパンチをもらうこともありうる。

□肉球をぷにゅぷにゅするのはNG

ネコは、脚の先を触られるのを嫌う。とくに、後ろ足の肉球をぷにゅぷにゅされるのを嫌がる。

□尻尾をつかむのはNG

ネコの尻尾は、先端まで神経が通っている。ネコにとっては、体のバランスをとるための重要な部位であり、つかむのはNG。

□フラッシュ撮影はNG

ネコの目は、人間の目と比べ、光量が7分の1でもよく見えている。その分、いきなり強い光を当てると、失明するおそれがある。

□ネコをユリに近づかせてはダメ

ネコは、ユリの葉や花を噛んだり、花粉をなめたりすると、中毒を起こし、最悪、腎臓が壊死するおそれもある。オニユリ、テッポウユリのほか、ヒヤシンス、チューリップなど、ユリ科の花は注意。また、ネコは、他にも中毒する植物が多いので、ネコを飼いはじめたら、生花は飾らないほうがいい。

◉猫の飼い方のNG② これを食べさせるのは×

□イカ、タコを食べさせてはダメ

消化不良を起こしたり、ビタミンB_1欠乏症を引き起こす可能性がある。イカを干したスルメも、消化不良の原因になる。

□アワビ、サザエ、トリガイを与えてはダメ

ネコに貝類を与えるのは、ひじょうに危険。重度の皮膚炎を起こすリスクがあり、場合によっては耳が落ちてしまう。

□人間用の牛乳、乳製品はＮＧ

犬と同様、人間用の牛乳を与えると、下痢をしやすくなる。ネコ用のミルクを与えること。

□チョコレート、コーヒー、茶などのカフェイン含有物はＮＧ

ネコは、カフェインに弱く、摂取すると、心臓や神経系の異常を起こすリスクがある。

4 「マナーと作法」のNG

層になったカクテルを混ぜてはいけない！

◉大人がそういう食べ方をするのはＮＧ

□料理をフーフー吹いてはダメ

猫舌の人も、人前で、料理をフーフー吹いてはダメ。料理が自分には熱すぎるようなら、ちょうどよい熱さになるまで待つこと。人よりワンテンポ遅れて食べたり飲んだりしても、失礼にはあたらない。

□食器に顔を近づけて食べてはダメ

料理を食べるとき、背を丸め、顔を食器に近づけて食べるのはＮＧ。食事中は、姿勢よく、背筋をぴっと伸ばしておきたい。そして、料理を迎えにいかず、料理のほうを口元に運ぶのがマナー。

□食事中に髪に手を触れてはダメ

食事中に髪にふれると、食卓にフケや抜けた毛が飛びかねない。それで、食欲を失う人も出かねないので、食事中は心して髪に手をふれないように。前髪が目にかかる人は、食事前に前髪をムースで固めるなど、気を配りたい。

□食事中に足を組むのはＮＧ

食事中、イス席で足を組むのはＮＧ。失礼で不恰好なうえ、食事中、足を組みかえたりするときに、テーブルに足があたり、はずみでグラスを倒すなどの騒ぎにもつながりがち。食事中は膝頭をそろえて座るのが、大人のマナー。

◉やってしまうと笑われる料理の食べ方①

□洋食で皿を持ち上げるのはＮＧ

洋食では、食器を持ち上げて食べるのは、基本的にＮＧ。ただし、スープは例外で、残り少なくなったとき、スプーンですくいやすくするため、皿の片側を少し持ち上げるのは許容範囲とされる。

□ナイフの刃を相手に向けて置いてはダメ

ナイフとフォークを置くときは、皿の上に「ハ」の字の形にして置き、前に座る相手の方向に向かないように注意。料理を食べ終わった後は、ハの字ではなく、皿の右側にそろえるのがマナー。

□ひじをあげてナイフ、フォークを使ってはダメ

ナイフとフォークを両ひじを横に張って持つのはNG。正しい姿勢は、両ひじを卵1個分くらい開けて体に寄せてナイフとフォークを使うとよい。この姿勢なら、エレガントに見える。

□ナイフでキーキー音を立ててはダメ

肉を切るとき、ナイフと皿のこすれる音を立てるのはNG。金属のこすれる不快な音に、食欲を失う人もいる。ナイフを使うコツは「角度」にあり、ナイフの刃を30度の角度で入れると、いちばんよく切れる。

□ナプキンで汗を拭いてはダメ

ナプキンは、衣服の汚れを防いだり、口もとや手の指先を拭いたりするためのもの。汗やメガネを拭くのはNG。女性も、グラスについた口紅や汚れをナプキンで拭っ

たりしてはダメ。グラスについた口紅はまず指でぬぐい、その指をナプキンで拭くのがマナー。

□フィンガーボールで両手を同時に洗ってはダメ

フィンガーボールが出てくるのは、手を使って食べてもよいという印。ただし、フィンガーボールでは、片手ずつ指先だけを洗うのがマナーで、両手を同時に突っ込んで、てのひらまでジャブジャブ洗ってはいけない。

◉やってしまうと笑われる料理の食べ方②

□パンの全面にバターを塗ってはＮＧ

パンは、前述したように、一口ずつちぎって食べるのがマナー。バターをつけるときも、全体につけるのではなく、一口サイズにちぎってから、バターを塗ること。

□パスタをすすりこんで食べるのは恥ずかしい

欧米人の前でパスタを音をたててすすりこむと、露骨に眉をひそめられる。フォークにクルクル巻きつけて、食べやすい大きさにまとめれば、音はしない。

□ステーキを最初に切ってしまうのはNG

ステーキを食べるとき、最初に全部切り分けるのはNG。肉汁が流れ出すうえ、冷めやすくもなる。ステーキは一口ごと、肉の左側からナイフとフォークで切り分けるのが、大人の食べ方。

□ケーキを倒して食べてはダメ

そのほうが切りやすくなるからと、ケーキを皿の上で倒すのはNG。ショートケーキなら、三角にとがった先のほうから、ナイフで一口大に切り、フォークでさして口に運ぶのが、大人の食べ方。

◉高級レストランのやってはいけないコードとは？

□勝手に店内にはいり、空席に向かうのはNG

高級レストランでは、入店したとき、カウンターの前に立って、店側の案内を待つのが常識。カジュアルな店でも、店側に「そちらの席でよろしいですか」と一声かけてから、席につくのがマナー。

□高級レストランで、右側から席につくのはマナー違反

正式なテーブルマナーでは、「席につくときはイスの左側から」が基本。なお、退席時や席を立つときも、左側から出ること。

□女性が着席する前に男性が座ってはダメ

レストランで席を案内されたとき、男性が女性よりも先にイスに座るのはＮＧ。本来、女性用のイスを引くのは男性の役割であり、代わりにウエイターがイスを引いてくれる場合でも、女性が座ってから座るのが常識。

□レストランのイスを勝手に移動させてはダメ

イスの配置も、店の雰囲気を演出するインテリアの一部。また、ガタガタとイスを運んだりすると、他の客にも迷惑になる。店のスタッフに席の移動を頼むか、せめて一言スタッフに断るのが大人のマナー。

□バッグを椅子にかけるのはＮＧ

高級レストランでは、大きなバッグを店に預け、テーブルまで持っていくのは小さなバッグだけというのが常識。

□「すみませ〜ん」とウエイターを呼んでダメ

高級レストランでは、ウエイターを呼ぶとき、かるく手を上げるか、目顔でシグナルを送るのがマナー。声を上げて呼ぶのはマナー違反になる。

□ナプキンを首からぶらさげるのはＮＧ

欧米のテーブルマナーには、こんなナプキンの使い方はない。ナプキンは、膝の上に置くのがマナー。膝の上に広げるタイミングは、オーダーをすませてから、料理が運ばれてくるまでの間。

□店内で勝手に写真を撮るのはＮＧ

料理の盛りつけ、店内のインテリアにも、知的財産権がからんでくる。ＳＮＳに上げるためなど、写真を撮りたいときには、店側に「写真を撮ってもいいですか」と一声ことわるのが常識。

□高級レストランで「とりあえずビール」は場違い

食前酒は、食欲を増進させるための飲み物であり、アルコール度が低く、ドライな味わいのものが適しているといわれる。ビールを注文しても構わないのだが、お腹がふくれやすいので向いているとは言いがたい。

□ワイングラスで音をたてて乾杯するのはＮＧ

ワイングラスは繊細なガラス製品であり、ぶつけ合うと、ひびがはいることもある。目の高さまで上げるにとどめ、ぶつけ合わないほうが無難。

□食事中に何度も席を立ってはダメ

レストランでの会食中は、むやみに席を立たないのがマナー。手洗いと化粧直しは、食事前にすませておくのが基本だが、やむを得ず中座する場合は、ナプキンを軽くたたんでイスの上に置き、目立たないように席を立つこと。

◉和食店のやってはいけないコードとは？

□茶わんとお箸を同時に取り上げるのは、重大なマナー違反

和食を食べるとき、茶わんと箸を同時にとりあげるのはNG。これは「両起こし」と呼ばれる下品な食べ方で、まず左手で茶わんをとりあげてから、右手で箸をとりあげるというのが正しい手順。

□料理を口に運ぶとき、手を添えてはダメ

和食を食べるとき、手のひらを受け皿代わりに添えるのはNG。和食は、料理がのっている器を左手で持って食べるのが基本で、たとえば天ぷらなら、天つゆの小鉢を左手で持ち、それを口元まで運べばよい。

□鍋物を取り皿いっぱいに取ってはダメ

鍋物を食べるとき、器に山盛りにとるのはNG。1回にとる量は「器の半分くらい」が適当。具を選り好みするのもNG。とりわけ、エビ、カニなど高級食材は、

人数で割った1人分の数を超えないように注意したい。

□食べ終わった食器を重ねてはダメ

和食器には漆塗りなどが多く、重ねると、塗りがはげるおそれがある。また、ふたを反対に向けて乗せるのも、品がなく、NG。

□ご飯が出てからも、酒を飲み続けてはダメ

和食のコース料理で、ご飯が出てからも酒を飲み続けるのはマナー違反。ご飯が出てくるのは「これで宴は終わり」というシグナル。それなのに、なおも酒を飲んでいたのでは、一人宴を続けているようで場違いになる。

□ワサビを醤油に溶かすのは野暮ったい

NGではないが、ワサビは刺し身に直接つけたほうが、味がよくなるし、粋でもある。

□天ぷらを塩皿に直接つけるのはNG

天ぷらを塩で食べるときは、塩を一つまみ指先にとり、ぱらぱらとふりかけるのが

正しい作法。天ぷらを塩の小皿になすりつけるのはNG。

□天ぷらを味の濃いものから食べるのはNG

天ぷらは、味の淡白なもの（野菜、エビやキス）を先に食べ、味の濃いもの（アナゴなど）を後で食べたほうがおいしく味わえる。盛り合わせの天ぷらでは、手前に淡白なもの、後ろに味の濃いものが置かれているはず。

□人と食事するときに、香水やオードトワレはNG

人と食事をするときは、匂いの強い香水などは避けること。とりわけ、繊細な味が持ち味の和食店では避けたい。

□出された寿司はすぐに食べないとダメ

寿司は、すぐに乾燥し、酸化が始まる。変色するうえ、おいしさも半減するので、出てきた寿司はすぐに口に運ぶこと。また、寿司は一口で食べるものであり、噛み切るのは下品。

◉「宴会」のＮＧをきちんと言えますか？

□目上と乾杯するときは、グラスの高さを少し下げないとダメ

目上との乾杯では、グラスをすこし低い位置から当てるのが、謙虚なマナー。コップなら、相手よりも２〜３センチ下にするのが目安。また、乾杯後は、目上よりも先に料理に口をつけないこと。

□ビールやワインは、ラベルを上にして注がないとダメ

ビールなどビン入りの酒を人に注ぐときは、ラベルを上にして注ぐのがマナー。

□料理が出てくるたびに写真を撮るのはＮＧ

写真にばかり熱心な人がいると、周囲は興ざめしているもの。また、中華料理などの大皿料理では、撮影が終わるまで、他の人を待たせることにもなる。写真撮影もほどほどに。

◉「立食パーティ」で守りたいルール

□食べきらないうちに新しい料理を盛るのはＮＧ

立食パーティで、一度とった料理を食べきらないうちに、新たに料理を盛るのはマナー違反。全部を食べてから、新たに皿に盛ること。

□料理を残すのはＮＧ

立食パーティで、皿に盛った料理を残してはダメ。自分が取った食べ物を食べきれないのは、自分の適量もわからないことを示すようなもの。皿には2、3品を軽く盛る程度にしておき、足りなくなったら、また取るようにするのが立食パーティの作法。

□自分のグラスから手を離してはダメ

立食パーティでは、グラスをテーブルの上に置きっ放しにする人がいるもの。これはマナー違反で、立食パーティではグラスを自分の手から離さないのがマナーになる。一方、皿は手から離してもかまわない。

□バッグを持ちこんではダメ

立食パーティの会場には、バッグを持って入らないこと。立食パーティに参加するときは、バッグはクロークに預けること。中に持ってはいるのなら、肩にかけられるものにすること。

□皿を持ちながら、会場を歩いてはダメ

立食パーティ会場では〝歩きながら食い〟はマナー違反。いくら立食とは言っても、歩きながら食べるのは、みっともないことであり、料理を持った皿は、テーブルの上に置き、そこに立ち止まって食べるのが常識。

□立食パーティに振り袖はバツ

立食パーティは、会場を歩きながら多くの人と交流することに意味があり、動きにくい振り袖は趣旨に反している。むろん、普通のパーティ以上に、着物を汚しやすいことはいうまでもない。

◉そういう飲み方をするのは大人のＮＧ

□茶碗に口紅をつけるのはＮＧ

訪問先などで茶を飲むとき、女性なら、茶碗の縁に口紅がついていないかどうか、気を配りたい。飲み終えたあと、口紅が付いていたら、指先で拭っておくとよい。相手が席をはずしたときに、そっと拭うのがスマート。

□来客の前にお茶に口をつけてはダメ

来客にお茶を出したとき、接待する側が先にお茶を口にするのはＮＧ。お客が遠慮して口をつけないときは、自分から先に口にするのではなく、「どうぞ、召し上がってください」と勧めるとよい。

□コーヒーカップを両手で扱うのはＮＧ

コーヒーを飲むとき、両手でカップを持つのはＮＧ。コーヒーカップは、片手で持つようにつくられている。片手で持つのが、最も美しく、マナーにもかなっている。

□コーヒーカップを指にひっかけてはダメ

コーヒーカップの持ち手には、穴が開いているが、そこに指を入れ、引っかけるようにして飲むのはＮＧ。コーヒーカップの持ち手は、親指と人指し指で軽くつまんで持つのが正しい持ち方。

□ストローで音を立てて飲んではダメ

ストローを使って飲むとき、音を立てるのはＮＧ。音がするのは、ストローの先がジュースの表面に近く、空気を一緒に吸い込んでいるから。ジュースを中まで差し込んで飲めば、音は立たない。

□層になったカクテルを混ぜてはダメ

カクテルには、リキュールの比重差を利用して、美しい層になったものがある。それを混ぜてしまうと、美しさが台無しになるうえ、味も混ざってしまう。それでは、技術をこらしてつくったバーテンダーも浮かばれない。

◉やってはいけないバーベキューのふるまい

□過剰なダメ出しはNG

鍋物に鍋奉行がいるように、バーベキューにはバーベキュー奉行がいるよう。でも、「焼きすぎ」だの「ビールがぬるい」などという、過剰なダメ出し、しつこい口出しは、雰囲気を壊すもと。

□ブランド服や高価なアクセサリーはNG

野外で行うバーベキューは、一種の〝野外活動〟と心得たい。汚れたり、なくしたりすると困るファッションや小物類は避けたい。また、女性はヒールはNG。長い髪はまとめておいたほうがよい。

□紫外線を気にしすぎてはダメ

女性には、日頃から紫外線対策に熱心な人が多いが、バーベキューに参加したときまで、紫外線を気にしていると、周囲のテンションを下げてしまうことになる。

5 「会話」のNG

会話の流れを止める言葉を使ってはいけない！

◉こういうほめ言葉を使ってはいけない

×いい人

これは、「意外と喜ばれないほめ言葉」、「誤解を招くほめ言葉」の代表格。これだけでは、「特徴がない」といっているのと同じようなもの。「すばらしく、いい人！」など、形容レベルを最上級に上げて使うといい。

×真面目だよね

「真面目だけが取り柄」というニュアンスを含みがち。暗に「真面目だけど、才能はない」、「真面目さ以外にほめるところがない」とも聞こえがちな言葉。

×大器晩成型だよね

「大器晩成」は、すでに成功している人に対しては、ほめ言葉になる。一方、そうではない人に対して使うと、今はダメ、まだくすぶっているという意味になってしまう。

×色が白い

弱々しいというニュアンスを含むので、男性に対して使うと、ほめ言葉にはならない。「(体が）細い」も同様。また、「お若いですね」も、「若い」＝「未熟」という意味合いを含むので、男性に対してはほめ言葉にはならない。

◉相手をムッとさせ、しらけさせるNG語

×あ、それ知ってる

人が知識や情報を披露しているとき、「あ、それ知ってる」はいちばんの禁句。てきめん、話し手を鼻白ませてしまう。同様に、「それ見た」、「そこ行った」、「それ読んだ」も禁句。話し手をのせるため、知らないふりをするのが、大人のふるまい。

×ありえない

自分の考えに自信を持ちすぎている人が使いがちな言葉。現実には、想定外のことはよく起きているのに、そこに思いが至っていない視野の狭さを感じさせる。

×許せない

感情的で、幼稚な印象を与えてしまう言葉。自分はつねに正しく、自分と違う考えの人を認めない狭量さを感じさせる。

×信じられない

他人の考えを否定したいときに、使いがちな語。前項の「許せない」と同様、自分の価値観以外を認めない狭量さを感じさせる。

×決まっている

自分は自明と思うことでも、「決まっている」というと、反発を買いやすくなる。確かな証拠や理由がないと、人は納得してくれないもの。

×常識的に考えて

「自分は常識人である」という傲慢さを感じさせる言葉。「常識」は人によって違うことを考慮していない子供っぽくもある言葉。

×卑怯

気に入らない人の人柄や行為に対して使いがちだが、人格攻撃になるだけに、安易に使うと、口にした人の品性が問われかねない。

◉そういうモノの言い方をしてはいけない

×わかりません

お客に対して「〜ません」形の否定形を使うのはＮＧ。「ありません」「知りません」「そんなことはありません」なども同様。

×だから、先ほど申し上げたとおり

こういうと、「ちゃんと聞いていない相手が悪い」という意味になってしまう。「前にもいいましたように」も同様にＮＧ。

×おわかりになりましたか

相手の理解力をはかるような失礼な物言い。「うまく伝わりましたでしょうか」や「ここまで何か不明な点はございますか」というのが大人の口の利き方。

×一応

「一応」は、自信のない人が責任を回避するために使う言葉といっていい。「一応OKです」「一応確認してあります」「一応、大丈夫と思います」などと言われると、聞いているほうは、「本当に大丈夫?」と思うもの。

×（操作などが）おできにならないのなら

スマホなどの機械の使い方を説明するときに、このフレーズはNG。せめて「○○が難しいようなら」と言い換えたい。

×今、お暇ですか?

これは相手を暇人扱いしているような失礼な物言い。「今、お時間よろしいでしょうか?」と尋ねるのが、大人の口の利き方。

×ワタシ的には

「ワタシ的には」は、よく使われる言い方ではあるが、まだ大人社会で市民権を得た言い回しとはいえない。「私の感覚では」、「個人的な意見としては」、「個人的な見解ですが」などと言い換えたほうがいい。

◉おしつけがましく聞こえてしまう言い方

×万障お繰り合わせのうえ

パーティの招待状などで見かける言葉だが、嫌う人も多い言葉。「どんな用事があろうと、最優先で参加せよ」と言っているのと同じなので、人の都合を無視している印象を与える。

×ぜひ・ぜひとも

物事を依頼するとき、「ぜひお願いします」はNG。「ぜひ」という押しつけがましさが相手を辟易させる。

×何とか

「何とかお願いできないでしょうか」など、相手に無理な頼みごとをするときに使いがちな表現。「何とか」を繰り返しても、説得力はまるでない。

◉大人は避けたほうがいい形容する言葉

×かわいい

何でも「カワイイ」と表現すると、幼稚な印象を与えることに。現代の紋切り表現中の紋切り表現といっていい。

×すごい

これも「カワイイ」と同様で、多用するとボキャブラリーが乏しい印象を与える。「素晴らしい」や「立派な」など、別の表現を探したい。

×やばい

「すばらしい」の意味で使う若者も多いが、本来は「危ない」「よくない」といった意味。俗語であり、誤解されやすくもあるので、大人は使わないこと。

×フツーに

「フツーにおいしい」などは、いかにも子供っぽい表現。

◉お客に対して使ってはいけない禁句

×ご多忙のところ

メールに「ご多忙中〜」などと書く人がいるが、「忙」は「心を亡くす」と書くため、嫌う人もいる。とくに目上に対しては「ご多用のところ」としたい。また、パーティや会合への招待を断るとき、「多忙」を理由にするのはNG。忙しさ自慢と受けとられかねない。

×ご拝読ください

相手に文章を読んでもらいたいとき、

この言葉はNG。「拝」は自分の行為をへりくだっていう言葉。相手に対しては「お読みください」か「ご一読ください」を使いたい。

×私たち

自分たちのことを指すとき、親しい間柄ならOKだが、目上に対して使うには子供っぽい言葉。大人なら「私ども」を使いたい。

×ぼく

改まった席で、大人が「ぼく」を自称にするのはNG。「ぼく」は現代では一種の〝幼児語〟であり、改まった場では、「わたくし」を使うのが常識である。せめて「わたし」にすること。

×お世話さま

目上に対して「お世話さま」というのは失礼。「お世話さまでございます」ということ。

×（目上の人へのお礼に）寸志

目上の人に御礼を渡すとき、表書きに「寸志」と書くのは失礼。「寸志」は目下に対して使う言葉で、同様に「薄志」もNG。目上の人には「御礼」か「薄謝」が正しい。

×つまらないもの

以前は、人に物を贈るときは「つまら

ないものですが」と前置きしたものだが、近年はへりくだりすぎと感じる人が増えたので、使わないほうがいい。「お気に召すとよろしいのですが」あたりが無難。

◉いまどきパワハラになりかねない言葉

×やる気あるの？

今どきは、目上や対等の人に対して失礼・無礼になる言葉を、部下に対して使うと、おおむねパワハラに該当すると考えたほうがいい。たとえば、同僚に対して「やる気あるの？」といえばケンカになりかねないのだから、この言葉は部下や年下の人に対しても使えない。

×使えないなあ

これも同様で、今どきはパワハラと認定されかねない。「何やってんだ」、「ふざけんな」、「遊びじゃないんだ」、「まじめにやれ」といった罵倒系の常套句は、おおむね禁句になったとみていい。

×これだから、ゆとりは

「ゆとり世代」を一くくりにして非難するのは、個人に対してあまりに失礼。目上に対して、「これだから、年寄りは」と言わないのと同様、年下に対しても、こういう言い方はできない時代になったと思ったほうがいい。

×言い訳はいいからやって

部下のいうことに聞く耳をもたないのは、パワハラの典型。「言い訳を聞いているんじゃない」、「言い訳は聞きたくない」、「言い訳はもういいから」などは禁句。

×まだ経験が浅いくせに

年齢ハラスメントに該当しかねないフレーズ。「まだ若いくせに」、「×ガキの使いじゃないんだから」、「学生じゃないんだから」なども同様。

◉いまどきセクハラになりかねない言葉

×女だから、女のくせに

時代錯誤も甚だしい、今どきは論外の言葉。「女だてらに」「女にしておくのは惜しい」もNG。社内などで問題になりかねない問題発言。

×女性の力に期待している

今どきは、「女性陣」など、「女性」とひとくくりにする言葉も、セクハラに該当しかねない。「女性らしい発想を出してほしい」、「女性ならではの視点で」なども、避けたほうがいいフレーズ。

×大和撫子・日本男児

「大和撫子」は、かつて日本女性を表す言葉だったが、現代では「日本男児」とともに、時代錯誤的な印象を与える。安易な使用は禁物。

◉落ち込んでいる人に使ってはいけないＮＧ語

×がんばってね

うつ状態にある人に、安易に励ましの言葉をかけるのはＮＧ。うつ状態の人は「がんばってね」と言われると、「もう、これ以上がんばれない」と思い、ますます自分のことを責めてしまう。「ゆっくり過ごしてね」あたりが適当。

×早く元気になってね

これも同様で、うつ状態の人は「簡単には元気になれそうもない」と受け止めてしまう。「つらかったね」と共感するあたりにとどめたい。

×落ち込まないで

「そんなに、落ち込んでいるように見えるのかな」と、ますます落ち込ませることになりかねない。「くよくよしないで」「どうして、落ち込んでいるの？」などもＮＧ。

6　「仕事と人間関係」のＮＧ

書類をむき出しのまま運んではいけない！

◉名刺交換について、最低限知っておきたいＮＧ

□名前を自分の側に向けて出してはダメ

名刺交換するときは、相手が名前を読みやすい方向に向けて差し出すのがマナー。

□名刺をすぐにしまうのはＮＧ

テーブルやデスクのある場所で、名刺を受け取ったときは、名刺をしばらくの間、机の上に置いておくのがマナー。自分の名刺入れの上に置くと、丁重な印象を与えられる。話し終わりなど、頃合いをみて、片づけるとよい。

□相手の名刺を何度も触るのはＮＧ

相手の名刺を机の上に置いたあと、名刺を再び取り上げ、名前を確認したり、しげしげ読んだりするのは失礼。相手の名前や肩書を確認するためでも、手に取るのではなく、ちらりと見て読み取り、確認するのが大人のマナー。

◉やってはいけない営業のタブーとは？

□営業マンが背中を背もたれにつけてはダメ

営業マンが、ソファなどの背もたれに背中をつけると、お客に「態度が大きい」という印象を与えがち。たとえ、言葉で熱く語っても、セールスに失敗するおそれが大きくなる。

□腕組みは絶対のＮＧ

腕組みは、人を拒否する姿勢であり、営業マンにとっては絶対のＮＧといっていい姿勢。自分の接近を拒否しているような営業マンからモノを買おうというお客がいるはずもない。

□早口はＮＧ

営業マンには、より詳しく伝えようと、つい早口になる人がいる。しかし、早口で話すと、お客の理解は得られにくくなる。優秀な営業マンは、お客の反応をみながら、ゆっくりとした口調で説明するもの。

□他社の悪口を口にしてはダメ

営業マンが、他社の悪口を口するのはタブー。お客には、どんな種類の悪口も耳障りに感じる人がいる。そうしたお客からは、「あの営業マンは人の悪口を言うから信用できない」と拒否されることになってしまう。

◉"いい大人"が会社でしてはいけないこと

□自社以外の製品は原則的に使わない

自社以外の製品を使ったり、身につけたりしないのは、社会人の基本常識。さらには、自社の系列以外の商品にも注意が必要で、たとえば三菱系企業の社員はキリンビール、住友系企業の社員はアサヒビールを飲むのが、ビジネス社会の常識。

□宗教、政治、収入、家庭問題を話題にするのはＮＧ

社内の会話では、宗教や政治の話は基本的にタブー。収入、家庭問題も、突っ込んだ話はしないほうがいい。

□若手社員に対して、いまどき「見て覚えろ」はダメ

いまどき、若手社員に対して、「見て覚えろ」「見て盗め」などと言っていると、覚える前に辞められるのがオチ。若手社員と付き合うときは、手とり足とり教え、わからないのは教えるほうの責任と思うくらいの覚悟が必要な時代。

◉職場には職場のNGがある

□始業時間ギリギリの出勤はNG

会社では、始業時刻までに、仕事を始める準備を整え、デスクについているのがマナー。始業時刻にすべり込みセーフというのは、他の人には実質的な遅刻に見えている。

□書類をむきだしで運んではダメ

書類を運ぶとき、むきだしで運ぶと、途中で一枚落としたり、角が折れたりするこ

とがある。また、社内でも、取引先や競争相手の社員が歩いていないともかぎらないので、情報漏洩のおそれもある。

□小銭を借りっ放しにしてはダメ

社内で、お金の貸し借りは基本的にＮＧ。やむなく小銭を借りたときでも、借りっ放しにしてはダメ。借りた側は軽く考えていても、貸した側は「あいつはいいかげん」という不信感を抱かないともかぎらない。

◉ビジネス・ファッションのＮＧ 女性編

□オフィスで、露出度の高い服は場違い

女性がオフィスで露出度の高い服を着るのはＮＧ。極端なミニ、ノースリーブ、胸の谷間の見える服、肌の透ける服などは、場違いであり、同性からも浮いた存在になるはず。

□オフィスで高価な宝飾品をつけるのはＮＧ

大きな宝石を使った指輪、宝飾時計などを仕事場で身につけるのはＮＧ。目安として、仕事の場では、月給の半額を超えるような品は身につけないほうがいい。

□オフィスで、長い爪、派手なネイルアートはＮＧ

仕事の場で、派手なネイルアートや長い爪はＮＧ。ネイルカラーの色は、透明か、爪本来の色に近い色を選ぶのが常識。長さは短めにすること。

□目と唇をともに強調するメイクはＮＧ

仕事中のメイクは、目か唇どちらか一方にポイントをおくのがコツ。両方ともしっかりメイクすると〝夜用〟になってしまう。アイシャドウを濃くしたら口紅は色をおさえ、派手な口紅を使ったらアイメイクは控えめにしたい。

◉ビジネス・ファッションのＮＧ　男性編

□仕事関係で、派手なスーツはＮＧ

ビジネスの場では、派手なスーツは避けたい。派手な色や柄物、光沢のある生地製のスーツを着ると、周囲から浮くことになってしまう。スーツは英国紳士伝統のスタイルであり、オーソドックスなスーツがベストといえる。

□スーツ姿で3色以上使ってはダメ

スーツ姿は、すっきり2色以内でまとめるのが、着こなしの基本。たとえば、スーツが紺色で、シャツが水色なら、ネクタイはスーツと同じ紺系の色か、シャツと同系色のブルー系にするのがコツになる。

□スーツのボタンを全部かけるのはNG

シングルのスーツは、2つボタンの場合は上のボタンだけ、3つボタンの場合は「中ひとつがけ」といって真ん中のボタンだけをかけるのが、正しい着方。なお、ダブルは、ボタンを全部かけるのが、正式の着方。

□上着やシャツのポケットに物を入れてはダメ

スーツのポケットは、デザイン上の遊びから生まれたものであり、何も入れないのがベストで、そうすれば、スーツが形崩れしないし、スマートにみえる。

◉フォーマルファッションの守るべきルール

□夜のモーニングはマナー違反

正式の「礼装」は昼と夜では異なる。昼間の礼装は「モーニング」で、夜の礼装はタキシードか燕尾服。モーニングは日が沈んでから着る服ではない。

□お茶席に貴金属をつけていってはダメ

お茶席に出席するとき、指輪、ブレスレット、時計、金属の帯止めなど、金属製品を身につけていくのはＮＧ。茶碗や茶器に金属がふれ、傷をつけるおそれがあるため。結婚指輪も、茶室に入るときははずすのが常識。

◉ビジネスパーソンならおさえたいＮＧ習慣

□ランチにギョーザを食べるのはタブー

ビジネスマンたるもの、ランチにギョーザを食べてはダメ。どうしてもギョーザを食べたいときは、ニンニク抜きにすること。お客にニンニク臭いと思われて、契約がとれるはずもない。

□職場で弁当箱を洗ってはダメ

給湯室などは、みんなが使う公共の場であり、そこで私物を洗うことは、マナー違反と感じる人が多い。

◉そういうお茶の入れ方をしてはいけない

□お茶を茶碗いっぱいに入れてはダメ

お茶を出すとき、茶碗いっぱいに注ぐのはNG。いっぱいに注ぐと、運ぶうちにこぼれかねないし、お客が茶碗を口許に運ぶときにこぼれることもある。お茶は、7分を目安に注ぐのが常識。

□茶碗を茶托にのせてから、茶を注ぐのはNG

茶托の上に茶碗をのせてから、茶を注いではダメ。茶碗の底がお茶で濡れていると、来客の手を汚しかねない。

□コーヒーのカップの向きがバラバラではダメ

来客にコーヒーを出すとき、カップの持ち手の向きをバラバラにしないこと。左なら、すべて左に統一し、スプーンの位置も手前か左右に統一すると見た目に美しい。

◉就活で失敗する人はどこを見誤るのか

□ＳＮＳに、企業に関するネガティブな書き込みをしてはダメ

最近は、企業が応募者のＳＮＳをチェックしているケースが多い。他の企業に対するものであって、ネガティブな意見を書き込むと、少なくとも好感はもたれない。

□面接前の控室で足を組んではダメ

面接会場では、面接前の控室での態度もチェックされているとみたほうがいい。タバコを吸ったり、化粧を直していたりすると、いい印象をもたれないこともある。腕組みや足組みも、避けたほうがいい。

□**書類を片手で提出してはダメ**

面接会場、控室などで、履歴書などの書類を提出するときは、両手で渡すこと。「よろしくお願いします」と一言添えるのも忘れないようにしたい。

◉面接で失敗する人はどこを見誤るのか

□**調べればわかることを質問してはダメ**

面接官から「何か聞きたいことがありますか」と言われたとき、「社員は何人ですか」「業績は伸びていますか」など、調べればすぐにわかるような質問をしてはダメ。「とくにありません」もいい印象は与えないので、何かひとつ質問を用意しておくとよい。

□**競合企業の悪口を言ってはダメ**

どんな場面でも、悪口を言うと、好感をもたれないもの。競合企業の悪口を言って、志望企業を持ち上げようとしても、その意図はおおむね裏目に出る。

□給料がいくらかをすぐに聞いてはダメ

たとえ、他の志望動機が立派でも、「結局は金か」という印象を与えてしまう。

□退出するとき、「失礼しました」はＮＧ

面接会場から退出するときには、「失礼します」を使うこと。

◉面接で言ってはいけないＮＧフレーズ一覧

□「日本を元気にしたい」と言っても、元気に聞こえない

「世界を変えたい」、「日本の中小企業を助けたい」、「世の中を変えたい」――これらの言葉は、大げさなうえ、陳腐すぎて、面接する側は聞き飽きている。元気さを表すにしても、より具体的な言葉を選びたい。

□やる気だけは誰にも負けませんは×

「仕事への情熱は人一倍」、「頑張り屋」、「一生懸命がんばります」――これらのフレーズも、面接する側は聞き飽きている。陳腐すぎて、バカっぽくも聞こえてしまう。

□私の長所はコミュニケーション能力ですは×

「私には協調性があります」、「責任感が強い」、「リーダーシップがある」——これらは、一般社会では、自分でいうことではなく、人が判断すること。自分で口にする場合は、相当の具体性が必要。サークルでのトラブル仲裁話あたりは、面接官は聞き飽きているので、ほとんど相手の気持ちに届かない。

□お金にはあまり興味がありませんは×

「学生の分際で」、「親がかりのぶんざいで」と思われかねない。

□視野を広げたいは×

「視野を広げたい」、「成長したい」、「人と係わるような仕事がしたい」などの常套句も、具体性がないため、「またか」と思われるだけ。

◉それは転職理由としてアウト？　セーフ？

□「キャリアアップ」、「スキルアップ」、「経験を積むため」はＮＧ

転職する際の面接では、見出しにあるようなフレーズはＮＧ。履歴書にも書かないほうがいい。これらのフレーズの場合、「会社のためにではなく、自分のために転職する」と言ってるのも同様。会社を踏み台にして、すぐに辞めてしまいそうに聞こえる。

□体調不良を理由にするときは説明が必要

前の仕事は「体調不良」で辞めたと言うと、今度の仕事では大丈夫か、と思われてしまう。少なくとも「現在は完治していて問題はない」と付け加えることが必要。

□人間関係による退職を理由にするのはＮＧ

これも、マイナスイメージを与える発言。人間関係に過敏な性格で、新しい会社でも同様の悩みをかかえそうな印象を与えてしまう。

□「向いていないと思った」はNG

こうネガティブに表現するよりも、「より、やりたい仕事につきたかった」と前向きに表現したほうがまだいい。

□「通勤に便利」はNG

「なんだい、それが理由かい」と思われてしまう志望動機の代表格。

◉マイナス印象を与える履歴書の共通点

□色ペンなどを使って目立とうとしない

履歴書はあくまでオーソドックスに書いたほうがいい。色ペンなどを使って目立っても、その目立ち方がハネられる理由になるだけ。

□修正液(テープ)を使ってはダメ

面倒な話ではあるが、履歴書は一字書き間違えても、最初から書き直すのが大人社会のルール。それが、最初の難関くらいのつもりで書くことが必要。

□趣味欄に、読書、映画鑑賞、音楽鑑賞はＮＧ

これらは、「無趣味」と答えているのとあまり変わらない。適当に答えている印象も与える。また、「買い物」は、ムダづかいをすると答えているのと同じ。「寝ることです」も、大人にはウケない。

□他社から返送されてきた履歴書の使い回しダメ

少し汚れていたり、角がよれていたりするため、受け取る側には、使い回しであることがわかるもの。コピーを使うのもＮＧ。

□表に「履歴書在中」と書かないとダメ

封筒の左下に赤字で「履歴書在中」書き、四角で囲むのが、履歴書郵送の作法。宛て名書きは、ボールペンではなく、黒のサインペンを使ったほうがいい。封筒は、茶封筒では、他の書類にまぎれやすいので、白を使ってもいい。

◉訪問&接客のマナーをめぐるＮＧ

□汗だらけの体で人を訪ねるのはＮＧ

夏場、汗だらけの体で、人のオフィスや自宅を訪ねるのは見苦しい。夏場、汗かきの人は外回りをする際は、制汗剤を携帯し、訪問先に近づき、身だしなみを確認するときには、制汗剤などで汗の匂いを消すようにしたい。

□インターフォンを何度も押してはダメ

インターフォンを何度も続けて押すのは、「さっさと出て来い」と相手をせかすことになる失礼なふるまい。インターフォンは一回だけ押し、1分程度待っても応答がないとき、もう一度押すくらいが、大人の頃合い。

□家の中をじろじろ見るのはＮＧ

訪問先で、室内にあるものをじろじろと見回すのは下品。人のオフィスや自宅の中でしげしげと眺めていいのは、絵画、花、賞状など、室内に飾ってある物だけ。また、それらを目にしたときは、一言ほめるのが大人のルール。

□１時間程度の面会でトイレを借りるのはＮＧ

訪問先でトイレを借りるのは、極力避けたい。とりわけ、１時間程度の訪問でトイレを借りるのはＮＧ。そんなことにならないため、訪問先の最寄駅で、トイレに寄っておくのが、大人の〝基本動作〟。

□人の家で敷居や畳の縁を踏むのはＮＧ

「敷居や畳の縁を踏む」のは、自分の家でもＮＧ。その上に座るのもＮＧであり、和室で踏んでいいのは、畳表（イグサ繊維の部分）だけ。せめて、人の家を訪問し和室に通されたときには、この立ち居振る舞いの作法を守りたい。

□カバンをテーブルの上に置くのはＮＧ

洋室に通されたとき、カバンをテーブルの上に置いてはダメ。テーブルは飲食物を置く場所であり、汚れているかもしれないカバンをのせるのは失礼。小さいカバンは椅子（ソファア）のすぐ脇、大きいカバンは足元かソファァの脇に置くもの。

□手みやげを訪問先の近所で買ってはダメ

手みやげは、菓子、果物、花など、あとに残らない「消えモノ」を選ぶのが大人の常識。また、訪問先の近くで買うと、「間に合わせ」という印象を与えるので、自分の地元か乗り換えの駅などで買って用意したい。

□手みやげを玄関先で渡すのはNG

手みやげを玄関先で差し出すのはNGであり、部屋に通され、挨拶をした後で渡すのが正しいマナー。ただし、例外もあって、アイスクリームなど、すぐに冷蔵庫に入れたほうがいい品は、玄関先で渡してもよい。

□手みやげを紙袋ごと渡すのはマナー違反

挨拶後、手みやげを渡すとき、紙袋ごと渡すのはNGで、袋からとりだし、両手で差し出すのがマナー。紙袋は持ち運ぶための道具であり、それに入れたまま渡すのは、失礼になる。

◉相手に嫌な印象を与えてしまう姿勢＆しぐさの法則

□腕組みをしてはダメ

前述の通り、心理学的にいって、腕組みは相手を「拒絶する姿勢」であり、会話が弾まなくなる。そもそも、えらそうなポーズに見える。

□頬杖をついてはダメ

頬杖をつくのは、あなたの話はつまらないというシグナル。会話が弾まなくなる。

□机を指でトントンしない

イライラしているように見えるしぐさ。癖になっている人は注意したい。

□話をするときに、あごを突き出してはダメ

「あごで使う」という言葉もあるように、あごを突き出し気味にすると相手を見下しているように見えるもの。対話中は、あごをいくぶん引き気味にしたほうが謙虚な人柄に思われやすい。

□髪をいじるのはNG

会話中、髪をいじると、集中していないように見える。また、子供っぽいうえ、不潔だとも思われる。

◉一瞬で嫌われるオトコとオンナのNG

□映画鑑賞、芝居見物はNG

いずれも、会話ができないので、人間関係が深まらない。初デートは、遊園地、動物園、水族館など、自由に話せる場所を選んだほうがいい。

□会話中に、メール、ラインの返信はNG

どんな人間関係でも、会話中にスマホをいじるのは失礼な行為。とりわけ、初デートでこれをすると、「私のことなんて、どうでもいいんだ」という印象を与えがち。

□いろいろなマナーと癖に注意

まず、遅刻はＮＧ。ほか、「ひじをついて食事する」、「音を立てて食べる」、「貧乏ゆすりをする」、「髪をいじる」など、好印象を与えない癖に注意したい。

□初めてのデートでは避けたほうがいい料理

本格的なフレンチは避けたほうがいい。マナーに気をつかって、会話が弾まなくなる。また、カニも避ける。カニを食べるときは、身をむくのに忙しく、シーンとするというのは、お約束の話。とりわけ、初デートでは、話が盛り上がらなくなる。

◉オトコに言ってはいけない禁断ワードとは？

□「給料、そんなに安いんだ」は×

「給料、私より少ないんだ」などというと、男性のプライドをいたく傷つける。夫婦間でも、「○○さんのご主人、年収１０００万円超えたみたい」のような話題は避けること。

□外見をけなしてはダメ

男性が女性の外見を話題にすると、セクハラになる時代だが、女性が男性の外見にふれるのも避けたほうがいい。とりわけ、デブ・チビ・ハゲにつながる「太ったね」、「背、低いんだね」、「髪の毛が薄くなったね」は、3大NG語。

□いろいろなNG語

「頼りない」、「男らしくない」と言われて、喜ぶ男性はいない。ほか、アンケートでは、「話がつまらない」、「私より○○できない」、「運転が下手」、「あなたのお母さん、嫌い」などが、男性に嫌われる代表的なNG語。

◉そういう態度を周囲は見ている

□ポケットに手を入れて歩いてはダメ

ポケットに手を入れて歩くと、猫背になり、貧相に見えるもの。また、ポケットに手を入れていると、何かにつまずいたとき、手でカバーできずに、思わぬケガをするリスクも高くなる。

□人の前を黙って通るのは×

人の前を通りたいとき、何の挨拶もしないで通るのは不作法。人前を通るときには、相手の前で立ち止まり、軽くお辞儀をするか、「失礼します」のひと言くらいはかけてから、通るのが大人らしい振る舞い。

□人前で足を組むのは×

電車内などで、足を組むと、人の邪魔になるし、靴が当たって相手の服を汚す原因にもなる。

□椅子にどんと腰を降ろすのは×

椅子に座るとき、どんと腰を降ろすと、がさつ、横着といった印象を与えがち。とりわけ、訪問先で、椅子にどんと腰を降ろすのはNG。

□大きすぎる身振り手振りは品がない

会話中、身振り手振りが大きすぎると、強引にまくしたてている印象を与えがち。

品がない人、うさん臭い人という印象を与えることにもなりかねない。

◉挨拶のNG、これだけは覚えておこう

□何度もお辞儀をするのは×

お辞儀は挨拶の基本ではあるが、何度もペコペコと繰り返しお辞儀するのは、NG。何度も頭を下げる姿は、「米ツキバッタ」とからかわれるほど、みっともないお辞儀。お辞儀は一回だけ、誠意を込めて頭を下げること。

□お辞儀で頭を下げすぎるのは×

お辞儀で頭を下げる角度は、会釈は15度程度。ふつうのお辞儀は30度。謝罪するときなどの深いお辞儀で45度ほど下げるのが常識。それより深いお辞儀は、丁寧を越えて慇懃無礼な印象を与えかねない。

□歩きながらのお辞儀は×

忙しいときでも、歩きながらのお辞儀はNG。お辞儀は立ち止まってするものであ

り、歩きながらのお辞儀は、立ち止まるという動作を省いている分、相手から「私を軽くみた」と憤慨されても、しかたがないといえる。

□手を動かしたままの挨拶は×

相手がちゃんと挨拶しているのに、〝ながら挨拶〟で返すのは失礼。挨拶するときは、仕事の手をいったん止めて立ち上がり、きちんと頭を下げること。

□膝を曲げた立礼は×

立ってお辞儀をするとき、膝を曲げると、みっともないお辞儀になる。ふだんから、膝を伸ばして立つように意識しておけば、お辞儀のときも膝を伸ばした状態になるはず。

□握手するとき、頭を下げるのは×

握手をするとき、頭を下げるのはＮＧ。握手は西洋式の挨拶であり、お辞儀は日本式の挨拶。握手するならお辞儀は必要ないし、お辞儀をするのなら握手は必要ない。

7　「起きてから寝るまで」のNG

歯磨きの後、何度もうがいをしてはいけない！

◉「起きてすぐ」にそれをやるのはNG

□起きてすぐにヒゲを剃るのはNG

起床直後は、肌が乾燥しているため、ヒゲをそると、カミソリ負けしやすい。蒸しタオルで肌をよく濡らしてから、剃ったほうがよい。とりわけ、酒を飲んだ翌日は、肌が脱水症状になりやすいので注意。化粧も同様で、起きてすぐにメイクすると、肌が乾燥しているため、肌に負担をかけやすい。

□寝起きのストレッチはNG

寝起きは、筋肉がこわばっているため、ストレッチには不向きな時間帯。ストレッチは、体温が高まっている日中に行うもの。

□起きてすぐのジョギングはNG

起床直後は、血糖値も体温も下がっているため、急に運動すると、めまいを起こしたり、体調が悪くなりやすい。とりわけ、怖いのは、心臓疾患と脳疾患。脳も目覚めきっていないので、注意力不足から思わぬ事故にもあいやすい。

□起きてすぐにコーヒーを飲んではダメ

起床直後、コーヒーに砂糖を入れて飲むと、血糖値を急激にあげすぎてしまうことになる。空腹時は、カフェオレにしたほうがいい。

□朝のシャンプーは禁じ手

夜に加え、朝もシャンプーすると、頭部の皮脂が落ちすぎて、紫外線から守れなくなってしまう。また、1日2回以上シャンプーすると、皮脂を落としすぎる分、皮脂の分泌が盛んになり、かえってフケが増える可能性もある。

◉日常生活のNG① いけない食べ方

□朝食を抜いてはダメ

朝食を食べないと、唾液の分泌が悪くなる。唾液が減ると、口中の雑菌が増えることになり、それが口臭の原因になる。

□よく噛まずに早食いするのはNG

早食いすると、食べ物が口の中を早く通っていくことになり、これも唾液の分泌量が減る原因、ひいては口臭の原因になる。

◉日常生活のNG② いけない二日酔い対策

□サウナ、入浴の際は水分補給しないとダメ

二日酔いしているとき、長時間、風呂やサウナに入ると、脱水症状を引き起こすおそれがある。風呂などに入るときは、十分に水分を補給するようにしたい。

□迎え酒はNG

迎え酒は、二日酔い時に酒を飲むこと。そうすると、二日酔いの症状が改善したように感じるのは、単に酔ってしまうから。体に大きな負担をかけるうえ、アルコール依存症への道まっしぐらということにもなりかねない。

◉日常生活のＮＧ③ いけない鼻のかみ方

□両方の鼻の穴を同時にかんではダメ

鼻の穴を二つ同時に強くかむと、耳管に悪影響を与え、中耳炎を引き起こすおそれがある。場合によっては、鼓膜から出血するリスクもある。

□鼻をするのはＮＧ

鼻水には、悪性の細菌やウイルスが混ざっている場合もある。鼻をすり上げると、鼻水が鼻の奥から耳にまで達して、中耳炎を起こすことがある。

◉日常生活のＮＧ④ いけない歯の磨き方

□歯ブラシを濡らしてから、歯磨き剤をつけてはダメ

歯ブラシを濡らすと、泡立ちがよくなりすぎて、有効成分が流れ出してしまう。また、派手に泡が立つ分、雑な磨き方でも磨いた気になりやすく、ちゃんと磨けなく

なることが多い。

□力をこめて磨いてはダメ

歯のエナメル質を傷つけてしまうリスクが高くなる。「磨く」、「こする」ではなく、歯に軽く当て上下させるくらいのつもりで、〝磨く〟とよい。

□歯磨き後、何度も口をゆすいではダメ

何度をゆすいだり、うがいすると、歯磨き粉に含まれているフッ素などの有効成分を洗い流してしまう。

□食後すぐの歯磨きはＮＧ

食事の直後は、殺菌力のある唾液が出やすい状態にある。すぐに歯を磨き、それを洗い流してしまうのはもったいない。食後、30分くらいおいてから磨いたほうがいい。

◉無意味どころか逆効果になるヘアケア

□ブラシで頭を叩いてはダメ

「ブラシで頭を叩き、頭皮を刺激すると、髪の毛が生えてくる」というのは、昔の常識であり、今は間違いであることがわかっている。むしろ、頭皮が傷つくだけで、ヘアケアには逆効果になる。

□シャンプーを熱いお湯で流すのはNG

38℃くらいのぬるま湯がいい。高温だと皮脂が落ちすぎて、フケが増える原因にもなる。

◉無意味どころか逆効果になるトレーニング

□筋肉トレーニングを毎日してはダメ

筋肉がもとよりも太くなる回復には、48〜72時間はかかるので、筋トレは中2日以上はあけたほうがいい。

□**筋トレは回数を追っても意味がない**

筋トレは、1セットで10回できる程度の負荷をかけるのが理想的。同じトレーニングを15回以上も続けてできるのは、負荷が弱すぎるため。筋トレとしては意味がない。

□**暑い日に走るのはNG**

真夏の暑い日に走ると、脱水症状を起こすリスクが高まる。また、紫外線を浴びすぎる原因にもなる。

◉コンタクトレンズと目薬、その使い方はNG

□**目薬の先を目やまつ毛にふれさせてはダメ**

目薬の容器には雑菌が付着することがあるので、容器を目やまつ毛に触れさせると、雑菌を目に入れることにもなりかねない。また、目薬を使う前には、手を洗ったほうがいい。

□1回に何滴も点眼する必要はない

目の中にはいる目薬の量は、せいぜい1滴であり、1滴たらせば十分。目から溢れだしてくるのは、多量にさしすぎているから。

□点眼後にまばたきをしてはダメ

目薬をさしたあとは、30秒から1分の間、目を閉じて安静にしておくと、成分がよく浸透する。まばたきは、極力避けること。

□人の目薬を使うのはＮＧ

人の目薬を使うと、雑菌が付着しているおそれがあり、目の病気がうつるおそれもある。

□コンタクトを脱着するときには、手を洗わないのはダメ

手を洗わずにコンタクトを扱うのは、目に雑菌を入れているようなもの。

□メイク後にコンタクトレンズをとりつけてはダメ

メイクした後にコンタクトをはめると、化粧品に含まれる化学物質が目に入るおそれがある。まず、コンタクトをはめてから、メイクをするという手順を習慣にしたい。

□コンタクトをなめてはいけない

これも、コンタクトにわざわざ雑菌をつけているようなもの。

◉失敗するダイエットには理由がある

□朝食を抜いてはダメ

食事を抜くと、空腹を強く感じ、結局、間食で食べる量が増えることが多い。また、夜、食べる量が増えることにもなりがち。夜は栄養吸収力が高まる分、朝食をしっかり食べる人よりも太りやすくなる。

□朝の洋食はＮＧ

朝食を洋風にすると、食パンにバターを塗り、菓子パンを食べるなど、カロリーがアップしてしまう。その点、和食は、焼き海苔、納豆、みそ汁など、おかずはいたって低カロリー。ご飯の量をおさえれば、低カロリーにすることができる。

□何かをしながらの間食はキケン

たとえば、ゲームをしながらの間食は絶対のＮＧ。気づいたときには、一袋食べていたということにもなりがち。とりわけ、ゲームは、ただ座って指を動かすだけなので、消費エネルギーが少なく、脂肪をため込むことになってしまう。

□部屋を散らかし放しにしてはダメ

部屋が散らかっていると、ストレスホルモンとも呼ばれる「コルチゾール」の分泌量が増える。すると、食欲が増すうえ、脂肪が蓄積しやすくなる。

□睡眠不足はダイエットの敵

睡眠不足になると、食欲を刺激するグレリンというホルモンの分泌量が増えやすくなる。その一方、食欲をおさえるレプチンというホルモンの分泌量が減少する。

□すき焼きはダイエットの敵

鍋料理のうち、すき焼きは最もカロリーが多くなる。すき焼きでは、肉を糖分たっぷりの割下で煮込み、卵にからめて食べる。水炊きは一人前300キロカロリーほどだが、すき焼きは一人前600キロカロリー以上もある。

□パスタはカルボナーラがNG

たとえば、ボンゴレは600キロカロリー程度だが、カルボナーラは750キロカロリーもある。パスタでカロリーをおさえるためには、魚介類系や野菜系のスパゲティを選ぶとよい。

□カロリーゼロでも、飲料のがぶ飲みはNG

たとえ、カロリーオフでも飲料をガバガバ飲んではダメ。人工甘味料は、食欲を増進させる可能性が高い。

◉「いい睡眠」のためには、やってはいけない

□寝る前のスマホはNG

光と情報に刺激されて、脳が興奮し、寝つきが悪くなる。

□明るい場所に行くのはNG

寝る前に、300ルクスを超える明るい光を浴びると、体内時計に支障が生じ、寝つきが悪くなる。だから、寝る直前にコンビニに行ったりしないように。なお、家庭内の照明は、300ルクス以下。

□寝る前に熱い風呂に入るのはNG

熱い風呂にはいると、交感神経の働きが高まり、体や脳が興奮する。加えて、体温が下がるのに時間がかかり、寝つきが悪くなる。寝る前に入浴するときは、ぬるま湯にしておいたほうがいい。シャワーも刺激になるので避けること。

□ごしごし歯を磨くのはNG

寝る直前に、ごしごし歯を磨くと、歯茎が刺激されて、メラトニン（睡眠ホルモン）の分泌が抑制されてしまう。その分、寝つきが悪くなる。

□喫煙は睡眠の敵

ニコチンには覚醒効果があるため、眠りにつきにくくなる。

□夜、ジムに行くと、睡眠のさまたげになる

交感神経が優位になって神経が興奮、なかなか寝つけなくなる。

□寝つけないときに時計を見てはダメ

時計を見ると、「眠れない」という、あせりを増すことになる。夜中に目が覚めたときも、時計を見ないほうがいい。「3時間しか寝ていない！」というような情報が脳を興奮させ、ますます安眠を妨げる要因になる。

◉食べると眠れなくなる食べ物とは？

□チョコレートを食べるのはNG

カフェインを摂取すると、興奮して眠りにつきにくくなる。なお、コーヒー、紅茶、ウーロン茶、コーラ、栄養ドリンクにもカフェインが含まれている。

□アイスクリームを食べてはダメ

冷たい食べ物は、交感神経を刺激して、眠りを妨げる。冷たい飲み物もNGで、臓器に刺激を与えるため、眠りにつきにくくなる。のどがかわいたときは、カフェイン摂取を避けるため、すこし温めたお湯を飲むとよい。

□トマトも要注意

トマトに含まれているチラミンという物質が脳の働きを活発にし、眠りにくくなるという説が出てきている。

□コーンフレークもＮＧ

消化に時間がかかるため、胃腸が休めなくなり、安眠の妨げになる。

◉その姿勢、睡眠の大敵です

□うつ伏せ寝はＮＧ

関節や筋肉に負担がかかるため、痛みやしびれの原因になる。

□丸まった姿勢はＮＧ

腰や首に負担がかかり、関節痛や背中の痛みの原因になる。また、睡眠中の呼吸のさまたげにもなりやすい姿勢。

◉花粉症なら、絶対に気をつけたいこと

□睡眠不足だと、花粉症が悪化する

睡眠が不足すると、免疫系のバランスが崩れ、アレルギー症候群である花粉症が悪

化しやすくなる。

□お酒が花粉症を招き寄せる

血管を拡張させるため、目の充血や鼻づまりを招きやすい。

□ウールのセーターを着てはダメ

ウールは表面がデコボコしているうえ、静電気が発生するため、花粉が付着しやすい。アウターや帽子は、なるべくつるつるした素材のものを選ぶと、花粉を払い落としやすい。

◉そのマスクの使い方、NGです

□使い捨てマスクを2日以上使ってはいけない

マスクに唾液がついたあと、時間がたつと、菌が増殖する。内側で菌が増えたマスクをかけていると、感染リスクがかえって高まってしまう。

□マスクの脱着時、表面をさわってはダメ

マスクはゴムバンドのみをさわって、つけたりはずしたりし、マスクの表面や内側はさわらないこと。表面などをさわると、雑菌を付着させるリスクが高まるため。

◉妊婦をめぐる知らないとマズい話

□体を冷やしてはダメ

妊婦が体を冷やすと、つわりがひどくなる、おなかが張りやすくなる、足のむくみがひどくなるなどの悪影響が出るおそれがある。

□背伸びはNG

胎児が下りてきてしまい、最悪のケースでは流産の原因になる。高いところのものをとるときなど、つい背伸びの姿勢になりがちなので注意。

□レアステーキをお腹いっぱい食べてはダメ

生肉を食べると、トキソプラズマ感染の危険性があり、胎児の発達が遅れたり、脳神経系に障害が出る恐れがある。食中毒リスクも高い。ユッケ、馬刺、生ハム、生サラミ、生レバーなども、控えたほうがいい。

□生チーズは避ける

カマンベール、ゴルゴンゾーラ、モッツァレラなどを食べると、流産・早産リスクを高めるリステリア菌に感染するおそれがある。

□重いものを持ってはダメ

力を入れると、腹圧がかかり、流産、早産の原因になりやすい。

□カフェインを摂取してはダメ

カフェインを摂取すると、血管が収縮し、胎児に栄養が行き渡りにくくなるリスクがある。

□タバコと酒はＮＧ

タバコを吸うと、胎児の呼吸が円滑に進まなくなり、早産・流産のリスクが高まる。

飲酒も、胎児に悪影響を与え、将来、発達障害、学習障害になるリスクが高まる。

□産後は目を酷使しない

産後は、目の焦点が合いにくくなることがある。スマホ、パソコンなどで目を酷使しないように。2週間程度は働かないほうがいい。

◉身体と健康をめぐる「正しい話」はどれ？

□スキューバダイビング後、飛行機に乗ってはダメ

ダイビング中、体には窒素が溶け込んでいる。飛行機に乗ると、気圧変動によって、その窒素が体内で膨脹、気泡となって、痛みが生じる可能性がある。高山に登るのも同様の理由からNG。実際、伊豆でダイビング後、箱根を越えて東京方面に帰るとき、痛みが出るケースが多数報告されている。

□赤ん坊とキスをしてはいけない

赤ん坊の口中に虫歯菌はいないのだが、父母ら大人がキスをすると、唾液を通して

虫歯菌がうつるリスクがある。同じスプーンを使わないことも重要。虫歯菌のほか、胃潰瘍などの原因になるピロリ菌をうつす原因にもなる。

□膝の上で、ノートパソコンを使ってはダメ

長時間使うと、ノートパソコンが発熱、低温ヤケドするおそれがある。また、精巣を温め、生殖機能に悪影響を与えるという説もある。

□健康診断の前夜は、午後10時以降は食べてはいけない

胃内での消化には8時間程度かかり、胃に内容物があると、胃カメラでうまく撮影できなくなる。また、血糖値、中性脂肪値を正確に測るためにも、胃はからっぽにしておきたい。水とお茶は問題ない。

□Ｔシャツの上にヒートテックを着てはダメ

Ｔシャツの上にヒートテックを重ね着すると、Ｔシャツが汗を吸収した保水状態をキープすることになってしまう。すると、汗が蒸発する気化熱によって、体を冷やすことになってしまう。

□貼るカイロをみぞおちより上に貼ってはダメ

みぞおちより上の部位は、汗をかきやすいため、やはり気化熱によって、かえって冷えてしまうことがある。とりわけ、体温を調節する部位である腋の下に貼ってはいけない。

□体臭が気になる人は、肉やチーズを好んで食べてはダメ

問題は、肉やチーズに含まれる動物性タンパク質。動物性タンパク質を過剰に摂ると、体臭の原因になりやすい。

□寝具や衣類に汗がしみこんだままにしてはダメ

背中のニキビの原因は、アクネ菌という細菌。布団やパジャマに汗がしみこんでいると、この菌が増殖しやすくなる。

□食後に激しい運動をしてはダメ

食後は、食べ物の消化に血液が〝動員〟されている。それなのに、体を動かすと、

体調悪化のおそれがあるうえ、消化にも悪影響を与える。また、入浴もNG。血行がよくなって、他の部位に血が回り、消化不良を起こしやすい。

□ささくれを剝いてはいけない

皮膚のささくれをめくると、細菌が入って化膿するおそれがある。処置としては、保湿効果のあるクリームを塗っておくとよい。なお、ささくれは、ビタミンB_2の不足でできやすくなるので、よくできる人は補給を。

□去年の日焼け止めを利用するのはNG

去年の日焼け止めが残っているからといって、使うのはNG。品質が変化している可能性もあるし、雑菌が繁殖しているリスクもある。

◉こんな病院に行ってはいけない

□聴診器を当てない病院は要注意

医師が患者の顔色や舌をみることもなく、パソコン画面の検査値ばかりを見ているような病院はダメ。

□小規模なのに、やたら診療科目が多い病院はキケン

小規模なのに、診療科目をずらずらと並べている病院は、十分な専門医をそろえることなく、少数の医師が複数の診療科目を掛け持ちしているケースが多い。

8 「あの業界」のNG

花見の時、桜の木の根元にブルーシートを敷いてはいけない

◉一目おかれるふるまい方①　花見編

□桜の根元にブルーシートを敷いてはいけない

桜はデリケートな樹木であり、根元にブルーシートを引くと呼吸できなくなり、弱ってしまうことがある。２〜３時間でも悪影響が出かねないので、桜の木の下から、半径１メートル程度は開けること。

□根元を踏み荒らしてはダメ

桜に限らず、樹木は根を広げるため、やわらかな土壌を好む。土壌が踏み固められると、病気になりやすくなる。

□枝を折ってはダメ

「桜切る馬鹿、梅切らぬ馬鹿」という言葉もあるくらいで、桜は枝を折られたり、切られたりすると、傷口から腐りはじめ、枯れてしまうことがある。器物損壊罪になる場合もあるので注意。木に登ったり、揺らしたりするのもＮＧ。

◉一目おかれるふるまい方② 観劇編

□髪形をアップにしてはダメ

劇場では、後ろの人が見やすいように配慮するのが、基本マナー。髪形をアップにすると、その分〝座高〟が高くなるわけで、後ろの人の視界をさえぎることになってしまう。お団子ヘア、盛り髪、大きな髪飾りもＮＧ。

□前のめりになって観るのはＮＧ

劇場の座席は、観客が背もたれに背をつけたときに、後ろの人が舞台が見やすくなるように設営されている。前の人が前のめりになると、後ろの人の視界をさえぎることになりやすい。

□香水のつけすぎはＮＧ

劇場には、おめかしして出かける人も多いが、香水はつけないほうがいい。匂いで周囲の人を辟易させることになりかねない。

◉一目おかれるふるまい方③ 駅伝観戦編

□脚立を使うのはNG

駅伝レースを沿道から観戦する際、よく見えるからといって、脚立を使うのはマナー違反。他の人の視界をさえぎってしまう。そもそも歩道に脚立を置くのは、通行の妨害になり、道路交通法違反に問われかねない。

□道路に出てはダメ

駅伝は、あくまで歩道内から応援するのが観戦マナーである。歩道から身を乗り出すのも危険だ。選手は、時速20キロほどで走ってくるし、関係者の車も走行している。

□イヌを連れての観戦はNG

イヌの散歩中に観戦するときは、くれぐれもリードをしっかりと握っておくように。かつて、イヌがコース上に飛び出して、選手が転倒したこともある。

◉一目おかれるふるまい方④ カラオケ編

□一曲も歌わないのはNG

カラオケで、一人だけ歌わない人がいると、周囲の人はなんとなく気になるし、シラけた気分にもなるもの。カラオケ店に行った以上は、最低でも一曲は歌うようにしたい。

□マイクを離さないのはNG

一方、自分ひとりで次々と歌いまくって、マイクを手離さないのもダメ。マイクを順番に回し、みんなで楽しむのがカラオケのお作法。また、人の歌を横取りするのもダメ。

□スマホをいじってはダメ

カラオケでは、人の歌を聞くのもマナーのうち。自分の歌う番ではないからといって、スマホをいじるのは、雰囲気をこわすもと。

□歌い出しの直前に話しかけてはダメ

マイクを持った人に話しかけるときは、タイミングを見計らいたい。歌い出し寸前に話しかけたりするのは最悪。

◉一目おかれるふるまい方⑤ 釣り編

□大きな音を出してはいけない

魚は、音や振動に対して、敏感な生き物。大きな音をたてると、逃げてしまうし、戻ってきても、警戒心を高めているため、エサへの食いつきが悪くなる。

□夜釣りのとき、ライトで水面を照らすのはNG

魚は、光に対しても、警戒心を高める。プロの漁船は集魚灯をつけていることもあるが、光で集魚効果を上げるには、長時間照らし続けることが必要。短時間照らすのは逆効果になる。

□橋の上から釣りはＮＧ

橋の上からの釣りは、厳密にいうと、道路交通法に抵触する。

□知らない魚に素手で触れるのはＮＧ

魚には案外、毒をもつものが多い。毒針に触れて、痛い思いをすることもあるので、知らない魚は手袋をつけて扱いたい。むろん、知らない魚は、食べてもいけない。

◉一目おかれるふるまい方⑥ 山歩き編

□何列にもなって登るのはＮＧ

登山道は狭いので、一列で登るのが常識。横に広がり、２列以上になって登ると、通行の邪魔になる。なお、登山道では、基本的に登り優先。すれちがうときは、下るほうが道を譲るのが、山のマナー。

□騒がしいのはＮＧ

山には、山中ならではの静けさや鳥の声を楽しみに登ってきている人もいるので、大きな声での雑談や歌いながら登るのはNG。音楽を聞きながら登る場合は、イヤホンを使うのが常識。熊よけになるからといって、音楽を流してもいいのは、自分だけが歩いているような深山の話。

◉一目おかれるふるまい方⑦ 海水浴編

□酒に酔って水に入るのはNG

大人の水死事故は、飲酒していたというケースが多い。酒を飲んだあと、水に入るのは、飲酒運転並のNG行為と考えたほうがいい。

□サーフィンの前乗りはNG

「前乗り」とは、他のサーファーが乗っている波の進行方向先で、同じ波に乗ることと。サーフィンでは、一本の波に乗れるのは一人だけというのが、国際的なルール。前乗りは、危険なマナー違反であり、ケンカになる場合もある。

◉一目おかれるふるまい方⑧ コミケ編

□キャリーバッグを持ち歩くのはＮＧ

コミケ開場はひじょうに混雑しているので、キャリーバッグを引いて歩くと、迷惑になる。事前にコインロッカーなどに預けておくのがマナー。

□トイレをぎりぎりまで我慢するのはＮＧ

コミケでは、トイレも長蛇の列。行列の途中でもらすということになりかねない。

□コスプレ撮影は、極端なローアングルはダメ

カメラ小僧の間にも、マナーとＮＧがある。まず、被写体（おおむねコスプレした女性）を極端に低い位置から狙ってはダメ。局部、胸、尻などのアップ撮影もＮＧ。また、ポーズを強要するのもダメ。

◉一目おかれるふるまい方⑨ ハロウィン編

□下着姿はNG

過度な露出ファッションは、公序良俗に反し、軽犯罪法などに問われるおそれがある。全裸や下半身露出はむろんのこと、スケスケの服、ビキニ水着も、そのおそれがある。

□著作権侵害はNG

アニメキャラなどのコスプレをする場合、自分で制作したものを自分で使用する場合は、許容範囲とされている。一方、売られているものを使う場合は、著作権侵害に問われるリスクがある。

□警官や消防士などの服装はNG

軽犯罪法違反に問われるおそれがある。

□刀やとがったものはＮＧ
銃刀法違反に問われるおそれがある。

◉一目おかれるふるまい方⑩ 撮り鉄編

□フラッシュの使用はＮＧ
鉄道関係の撮影では、フラッシュを使わないのがマナー。とりわけ、運転席に対してフラッシュをたくのは絶対のＮＧ。運転士の視力に影響を与え、列車の安全運行の妨げになってしまう。

□駅構内で、三脚や脚立を使ってはダメ
当たり前の話だが、駅は電車に乗る人のための場所。そこに、三脚や脚立などの道具を持ち込むと、邪魔でもあり、危険でもあるため。

□鉄道用地に立ち入ってはダメ
鉄道用地に立ち入ると、鉄道営業法第37条違反になる。

◉いまどきの小学校で、それはNG

□卒業式の袴姿はNG

「着崩れて、トラブルになる」、「経済的格差があらわになる」、「派手になりすぎる」などの理由から、禁止している学校もある。

□遠足のオヤツはNG

遠足にオヤツを持っていくことを禁止している学校もある。第一の理由は、子供らがオヤツを交換して食べたときに、アレルギー症状が出るおそれがあるため。

□シャープペンシルはNG

低学年の間、使用禁止にしている学校がある。理由は、小学生は筆圧が強いため、折れやすく、芯が飛ぶと危険なこと。あるいは、シャープペンシルに関心がうつり、勉強に身が入らなくなるというのが、その理由。

□あだ名はＮＧ

あだ名をつけ合うことを禁止している学校もある。いじめにつながるからというのが、その理由。

◉写真撮影で、それをやってはいけません

□動物園の動物撮影はフラッシュ禁止

動物には、少しの光で周囲が見えるという視力をもつものが多い。その分、光に敏感で、強い光は動物の目に悪影響を与える。なかには、フラッシュの光を受けると、その後、光に対してストレスを感じ、前を向くのを怖がるようになる動物もいる。

□競馬のパドックもフラッシュ禁止

馬をおびえさせ、レースを台無しにするおそれもある行為。

□京都のお寺では撮影禁止が増えている

近年、京都を訪れる観光客のカメラマナーが悪すぎるため。立入禁止エリアに入っ

たり、撮影者同士がケンカするなどのケースが増え、撮影自体を禁止している寺院も出てきている。

□美術館で自撮り棒はＮＧ

絵画などの芸術品に、自撮り棒が当たるおそれがあるため。

□スポーツ撮影でフラッシュ使用はＮＧ

スポーツ観戦中、写真を撮るときは、フラッシュの使用に注意。野球やサッカーなど、競技場が広く、選手との距離があるスポーツはともかく、バレーボール、卓球、テニスなど、選手との距離が近い競技では、フラッシュを使用禁止にすることが多い。

◉競技によって全然違う！　スポーツのＮＧ

□メジャーリーグの暗黙のルールを破ってはいけない

アメリカのメジャーリーグには、アンリトン・ルール（ルールブックに書いていないルールという意）と呼ばれる暗黙のルールがある。その代表格は、「大量リードしているときの盗塁はNG」、「ノーストライク・スリーボールから、バットを振ってはいけない」など。投手が打者を三振にとったとき、派手なパフォーマンスをするのもNG。ガッツポーズをしたりすると、あとで故意死球などの報復を受けることがある。

□剣道ではガッツポーズ禁止

剣道は、礼にはじまり、礼に終わる武道であり、打突後の相手に対する非礼な行為は、審判の裁量によって罰則が下される。柔道、相撲でも、ガッツポーズはNG。

□水泳の飛び込みは禁止

高校などには、飛び込み禁止の学校がある。そもそも、学校のプールは水深が浅く、飛び込んでも安全なようには設計されていないため。

□ワールドカップ会場のNG

花火、楽器、大きな旗は、観戦の邪魔になるため、持ち込み禁止。また、自撮り棒や傘は、フーリガン的な観客の〝武器〟になりかねないため。持ち込みが禁止されている。さらに、あらゆる種類の液体類は、危険物である恐れがあるため、持ち込み禁止。

□**高校野球でガッツポーズはNG**

派手なガッツポーズは、アンパイヤから注意されることもある。高校野球は「教育の一環」であるという見地から。

□**高校野球で『ハイサイおじさん』を応援歌に使えない**

ノリのいい歌であることから、一時は沖縄代表の応援に使われていたが、今は使用が自粛されている。歌詞が、遊廓などで飲み歩くおじさんの歌であることから。

◉プロ野球で一発退場になる球とは？

□**スピットボールはNG**

ツバをボールに塗る違反行為。ツバを塗ると、ボールの回転数が落ち、無回転ボールのナックルのように変化する。

□エメリーボールはＮＧ

ボールに傷をつけたり、ボールの表面をざらざらにする違反球。投げた本人も、どう変化するかわからないくらい、意外な変化をする。

□マッドボールはＮＧ

泥をつけて投げる違反行為。ボールの重心が変わって、大きく変化する。

□シャインボールはＮＧ

すり減ってピカピカのボール。凸凹が少なくなり、予想外の変化をする。

◉外から見えないホスト業界のタブー

□担当ホストのいるお客に連絡をとるのはタブー

これは「爆弾」と呼ばれるホスト業界の最大のタブー。他のホストの客を横取りしようとすると、高額罰金をとられるのが普通。店や業界から追放されてしまうこともある。

□ライターの炎を見せるのはＮＧ

お客のタバコに火をつけるときは、炎を手でおおうのが、この業界のお約束。そのため、ホストは、大きな炎が上がるジッポのライターは使わない。

□お客に年齢を尋ねてはダメ

お客に対して、年齢、住所、職業を尋ねないのが、この業界のお約束。一方、男性客を相手にするクラブでは、ホステスがこのあたりの質問をしてもＯＫなのが、両業界の違いといえる。

□乱暴な言葉づかいは、基本ＮＧ

ホストには、まれにお客を「おまえ」呼ばわりするような〝オラオラ営業〟をする者もいるが、それはあくまで少数派。

□無断欠勤は、最大のNG

水商売業界では、遅刻、欠勤は罰金。とりわけ、無断欠勤は数万円程度の罰金という店が多い。

◉その世界のNGには理由がある

□皇居ランで時計回りに走ってはダメ

皇居を回るジョギングでは、反時計回りに走るというのが、暗黙のマナー。一人だけ反対向きに回っていると、他の人の邪魔になるし、危険。

□キャンプ場で大きな音を立ててはダメ

キャンプ場には、自然の音を聞きにきている人もいるし、テントの中にはすでに寝ているキャンパーもいるかもしれない。大声で騒ぐのはもってのほか。

□車を運転中、クラクションを鳴らすのはNG

道路交通法54条2項に「原則としてクラクションは鳴らしてはいけない」という意

味の条文がある。

□キーをつけっ放しで車を離れるのはNG

むろん、キーをつけっ放しで離れると、盗難のおそれがあるわけだが、そもそも道路交通法71条の「他人に無断で運転されることがない必要措置をとる」という意味の条項の違反になる。

□機内での飲みすぎはNG

旅客機内で、アルコールの飲みすぎはNGであり危険でもある。機内は気圧が低いため、地上で飲むよりもはるかに回りやすく、少し飲んだだけでもフラフラになることがある。機内でのアルコールは、ほんの一杯にとどめるのが常識。

□左手で敬礼するのはNG

敬礼は、武器を使う手である右手を上げるのがルール。日本の警察や自衛隊では、制帽をかぶっているときは、右手で敬礼。制帽をかぶっていないときは、もうひとつ様にならないためか、お辞儀と使い分けている。

9 「世界標準」のNG

タイでキレイ、フランスでマック…その日本語を使ってはいけない！

◉日本人が知らない海外のNG

×鼻をすする

欧米人にとっては、ひじょうに不愉快な音に聞こえる。鼻水が出そうなときは、すするのではなく、紙でかむのが正しい処理の仕方。

×クラクションを鳴らす

クラクションは、日本でもトラブルのタネになりがちだが、外国で安易に使うと、侮辱行為と受け止められ、より深刻なトラブルに発展するおそれがある。

×酔いつぶれる

欧米人は、一般的に日本人よりも酒に強いため、酔いつぶれる人を見慣れていない。そのため、人前で泥酔すると、アルコール依存症を疑われかねない。少なくとも、セルフコントロールのできない人間と思われる。

×忙しいことを自慢する

日本では「ここのところ、忙しくてね。あまり休みがとれていないんだ」などと、忙しさを話題にする人がいるが、欧米では、こんなことを口にすると、仕事の効率がよほど悪いと思われるだけ。海外には、身を削って働くことを美徳とするという意識はない。まして、不眠不休を自慢したりすると、ちょっとおかしい人と思われかねない。

×「行けたら行く」式のあいまいな返事

「行けたら行く」は、日本人同士では、婉曲な断りのセリフだが、外国人に阿吽の呼吸は通じない。「なぜ、自分のことなのに、わからないのか」と憤慨されることもある。

×「持ち帰って検討します」式の返事

権限を与えられていない人間と思われ、その後相手にされなくなるのがオチ。「上司に確認して〜」などというと、「じゃ、最初から上司を連れてこい」と思われるだけ。

×イギリスで、白いユリの花を贈る

イギリスでは、白ユリは、亡くなった人へ手向ける花。日本人にとっての菊のようなニュアンスを含む花であり、プレゼントには向かない。

×フランスで、香水を贈る

欧米では、香水を贈ると、「あんたは臭い」という意味を含んでしまう。とりわけ、フランス人に対しては要注意。

×外国人に石鹸を贈る

日本では、古くから石鹸を贈答品に使う習慣があるが、外国人に贈るのはＮ

G。「臭いから洗え」という意味が含まれてしまう。

◉外国ではやらないほうがいい「しぐさ」

×中指を立てる

「くたばれ」という意味になる。要するに、言葉で、Fuck you というのと同じことになる。

×拳を握った状態で、親指を下に下げる

もともと、古代ローマの闘技場で、負けた剣闘士らを「殺せ」というシグナル。今も、欧米では侮辱のサインであり、単なるブーイングではなく、場合によっては「死ね」、「殺す」という意味にもとられる。一方、親指を上に上げるのは、Good を表すサイン。

×相手に手の甲を見せてピースサイン

手のひらを相手に向けるVサインは、欧米では勝利（Victory）を意味するが、手の甲を相手に向けるいわゆる〝裏ピース〟は侮辱行為になり、中指を突きたてるのと同じ意味になる。

×ギリシャでピースサイン

ギリシャでは、犯罪者に対して、2本指で物を投げつける習慣があったため、普通のピースサインが侮辱のシグナルになる。

×海外で、イスに座って靴を脱ぐ

世界には、室内でも靴を履いている国が多い。とりわけ、イスに座ったとき、裸足になるのは、ハレンチに近い行為とされる国が多い。後述するが、アジアにも、足の裏を見せると失礼になる国が少なくない。

◉あの国でそれを言ったりやったりするのはタブー

×安易にイングランドと呼ぶ

イギリスは、イングランド、スコットランド、ウェールズ、北アイルランドからなる連合王国であり、複合民族国家。イングランド以外の３国の人に、「イングリッシュ」「イングランド」などと言うと、ムっとされることがある。

×フランスでフランス革命を話題にする

とりわけ、相手が上流階級の出身とわかる場合には注意が必要。フランス革命は、日本人にとっては世界史上の話だが、彼らにとっては、先祖（貴族）が打倒され、領地や財産を失ったという生々しい話。

×ギリシャで、安易にトルコの話をする

ギリシャは、４世紀近くの間、オスマントルコに支配されたため、今もトルコに対して特別の感情を抱いている。

安易に話題にしないほうがいい。

×イスラム圏で、雪だるまをつくる

イスラム教では、偶像崇拝につながる偶像製作が禁じられている。雪だるまも、イスラム法学者がNGという宗教見解（ファトワ）を出している。

×アラブ諸国で、人の持ち物をほめる

イスラム教には、「ザガート」（喜捨）という富者が貧者に対して施しをするという宗教的義務がある。そのため、人の持ち物を安易にほめると、ねだっていると受けとられかねない。

◉世界のNG①
アメリカでやってはいけない！

×公共の場で酒を飲む

アメリカでは、公園、道路、電車内などでの飲酒はNGということが多い。たとえば、日本人がハワイのビーチや公園でビールを飲んでいると、ポリスマンに注意されることがある。ただし、アメリカ人にも、紙袋で包んだ缶を口に運んだり、水筒などにアルコール類を入れて飲んでいる人はいる。

×マスクをして歩く

アメリカでは、マスクをした人をほと

んど見かけない。不審者扱いされかねない。

×国外から肉製品を持ち込む

アメリカは、旅行客らによる肉製品の持ち込みを禁止している。また、薬の持ち込みも、止められる場合がある。ふだん使っている薬をアメリカに持ち込むときは、市販薬は未開封のもの、病院でもらう薬は医師の処方箋を持参したほうがいい。

×大学で、教員と学生が恋愛関係に

ハーバード大学では、性的交渉をもってはならないと通知。エール大学も禁止している。日本では、依然よくあることのようだが。

◉世界のＮＧ②　ドイツでやってはいけない！

×５本指を揃えて、手を挙げる

指をピンとそろえて挙手するのは、ナチス式の敬礼をイメージさせるので、ドイツでは絶対のタブー。ドイツの学校の生徒たちは、人指し指だけを立てて手を挙げるのが一般的。

×〝カトちゃんぺ〟のポーズ

チョビヒゲを表し、これもヒトラーを連想させるのでタブー。

×親指と人指し指で○をつくるサイン

この指サインは、ドイツや南米では、お尻の穴を意味する。ドイツでは、警官に向かって、このジェスチャーをすると、罰金をとられることもある。なお、フランスでは、この指サインはゼロ＝役立たずを意味する。

×人指し指で頭をコツコツと叩く

これは、日本でも使われているが、「おまえは、頭がおかしいのか」という意味。

×顔の前で、手のひらを横に動かす

「運転中、ワイパーで前が見えないのじゃないのか」という意味で、要するに「おまえはバカか」という意味になる。

◉世界のNG③ 韓国でやってはいけない！

×人前で正座する

韓国では、正座は罪人の座り方。床に座るときは、女性も、膝を片方立てて、あぐらをかくようにして座る。

×来客の靴を揃える

靴を揃えると、「早く帰れ」というシグナルになってしまう。

×靴を贈る

靴を贈ると、「ここから出ていってほ

しい」、「逃げてほしい」という意味が含まれてしまう。

◉世界のＮＧ④　中国でやってはいけない！

×すぐにプレゼントのお返しをする

中国では、すぐに「借り」を返すと、縁を切るという意味が生じてしまう。中国人にとっては、多少の貸し借りがある状態が、人間関係を持続していくという証になる。

×時計をプレゼントする

中国語では、「時計」を意味する言葉と「死者を看取る」という意味の言葉の発音が同じであるため、縁起が悪いとされる。

×店員に対する命令口調

中国では、これまでお客と店員は対等な関係と意識されてきた。そのため、店員を使用人のように扱うと、店員が怒りだすこともありうる。近年、中国でも「サービス」という概念が浸透しはじめて、事態はやや変わりはじめているが。

×友人の奥さんの容姿をほめる

「奥さん、美人だね」などというと、中国では、友人の妻に関心を持っているととられかねない。

×お皿を持ち上げる

皿を持ち上げないのは、中国料理を食べるときの基本マナー。また、箸を落とすと、日本以上に嫌われる。なお、中国でも、麺類を音を立てて食べるのは嫌われる。

◉世界のNG⑤ シンガポールでやってはいけない！

×ガムを持ち込む

シンガポールは、世界に冠たる罰金大国。日本人がうっかり罰金をとられかねないことを紹介しておこう。まず、シンガポールは道路などを汚すことの多いガム禁止の国で、同国内に持ち込もうとするだけで、最高1万ドルの罰金。

×地下鉄、バス、タクシーで飲み食いする

地下鉄（MRT）では、飲食500ドル（約4万円）、喫煙1000ドル、ドリアンの持ち込み（臭いので）500ドル、ペットの持ち込み500ドルの罰金。

×鳥へエサをやる

鳥へのエサやりは1000ドルの罰金。ほかに、公衆トイレで水を流さない、ツバやタンを吐く、深夜10時半から朝7時までの屋外での飲酒、ゴミのポイ

捨ては、いずれも1000ドルの罰金。

◉世界のNG⑥ タイでやってはいけない!

×ポイ捨て

タイでも、シンガポールに習ったような罰金制度が設けられはじめている。たとえば、繁華街でポイ捨てすると、2000バーツ程度(約7000円)の罰金をとられることがある。今のところ、シンガポールほど、厳しく適用はされていないが。

×ビーチでタバコを吸う

他の観光客の迷惑になるほか、ビーチを汚すため。なお、タイでは、煙草やお酒に販売時間が設けられている

×子供の頭を撫でる

これは、タイだけでなく、インドネシアやインドなど、東南アジア、南アジアでは、古くからのタブーとされてきた行為。「頭」は神聖な部位とされ、たとえ相手が子供でも、頭を触るのは失礼な行為とされる。

◉世界のNG⑦ インドネシアでやってはいけない!

×相手に対して左手を使う

インドネシアでは、左手が「不浄の

手」とされているため、握手をするときや、人にものを渡したり、釣銭をもらうときに、左手を使うのはNG。人と接触するときは、右手を使うこと。

×腰に手を当てて立つ

両手を腰に当てて立つのは、怒りや挑戦をあらわすポーズとされている。無意識のうちでも、腰に手を当てていると、「怒っているの?」と思われかねない。

×足の裏、靴裏を見せる

足は不浄なものとされるので、足の裏、靴の裏が見えないようにするのがマナー。だから、人前ではイスに座って足を組むのは避けたほうがいい。まして、足で荷物を動かすのはNG。

◉世界のNG⑧ インドでやってはいけない!

×食事で左手を使う

ヒンドゥー教では、左手は不浄な手、右手は神聖な手とされ、食事する際には、不浄な左手を使わず、右手だけを使って食べる。なお、インドでは、よほどの高級レストランをのぞいて、食事は手を使って食べるのが原則。

×人の耳に触る

インド人では、耳は神聖な部位、頭は

神の宿る場所とされる。だから、人の耳や頭を触ってはいけない。また、足は不浄の部位とされるので、自分の足が他人の荷物を触れてしまったときなどは、ひとこと謝ったほうがいい。

◉外国では絶対に使えない日本語

×タイで「キレイ」

タイ語で「キレイ」というと、「ブス」という意味になる。また、ベトナム語では「キレイ」は汚いという意味。

×フランス、イタリア、スペインで「閣下」

南ヨーロッパ諸国の言葉では、カッカ(caca)はウンコを意味する。

×英語圏で「レディス・アンド・ジェントルメン」

近年、英語圏では、性的少数者への配慮から、この常套句が使いにくくなっている。場合によっては、エブリワンに言い換えられている。

×英語圏で「ポケットモンスター」

英語圏では、ペニスの隠語。

×フランスで「マック」

フランス語では、女衒《ぜげん》を意味する。それもあって、フランスでは、マクドナルドを大阪と同様、「マクド」と略す。

青春文庫

言《い》ってはいけない！　やってはいけない！
大人《おとな》のNG《えぬじー》

2019年8月20日　第1刷

編　　者　話題《わだい》の達人倶楽部《たつじんくらぶ》

発行者　小澤源太郎

責任編集　株式会社プライム涌光

発行所　株式会社青春出版社

〒162-0056　東京都新宿区若松町12-1
電話 03-3203-2850（編集部）
03-3207-1916（営業部）
振替番号　00190-7-98602

印刷／大日本印刷
製本／ナショナル製本

ISBN 978-4-413-09728-4

日本人が知らない歴史の顚末！
「滅亡」の内幕

隆盛を極めたあの一族、あの帝国、あの文明はなぜ滅びたのか――
〝その後〟をめぐるドラマの真相を追う！

歴史の謎研究会［編］

（SE-716）

アドラー心理学で
子どもの「がまんできる心」を引きだす本

「なんでも欲しがる子」「キレやすい子」の心に届く言葉がある！　アドラー心理学を取り入れた上手な子育て法

星　一郎

（SE-717）

つい「気にしすぎる自分」から抜け出す本
ちょっとした心のクセで損しないために

いい人すぎるのも優しすぎるのも、あなたが悪いわけじゃない。ストレスなく心おだやかに生きるための心のヒントをあなたへ――。

原　裕輝

（SE-718）

相手の「こころ」はここまで見抜ける！
1秒で盗む心理術

面白いほど簡単！　ヤバいほどの効果！「おうむ返し法」「空ボメ法」「沈黙法」…他人には教えられない禁断の裏ワザを大公開！

おもしろ心理学会［編］

（SE-719）

1日3分！
スクワットだけで美しくやせる
山口絵里加
筋トレ&脂肪燃焼、W効果の全身ダイエット！　人気トレーナーが考案の効く筋トレ厳選7種を手軽に実践できます
(SE-720)

「ついつい先送りしてしまう」がなくなる本
その原因は心の弱さではなかった
吉田たかよし
人を待たせる、期限が守れない、何でも後回し…　タイプ別診断で、あなたの脳のクセに合った対処法を教えます！
(SE-721)

脳と体が若くなる断食力
山田豊文
疲れがとれる！　不調が消える！　集中力、記憶力がアップする！　1食「食べない習慣」から人生が変わりだす
(SE-722)

王子様はどこへ消えた？
恋愛迷宮と婚活ブームの末路
北条かや
「結婚したい」と言いながら、今日も女子会。そこにはどんな本音が潜んでいるのか。複雑な女心をひも解く、当事者目線の社会学
(SE-723)